HUNAN
TIANDIREN
LAW FIRM

不走寻常路

天地人律师事务所　著

OFF THE BEATEN TRACK

法律出版社
LAW PRESS · CHINA
北京

图书在版编目(CIP)数据

不走寻常路/天地人律师事务所著. -- 北京:法律出版社,2023
ISBN 978 - 7 - 5197 - 7687 - 9

Ⅰ. ①不… Ⅱ. ①天… Ⅲ. ①律师事务所-管理-经验-湖南 Ⅳ. ①D926.5

中国国家版本馆 CIP 数据核字(2023)第 042861 号

不走寻常路
BUZOU XUNCHANGLU

天地人律师事务所 著

策划编辑 周 洁 林 蕊
责任编辑 周 洁 林 蕊
装帧设计 李 瞻

出版发行 法律出版社
编辑统筹 司法实务出版分社
责任校对 郭艳萍
责任印制 胡晓雅
经 销 新华书店

开本 710 毫米×1000 毫米 1/16
印张 11.75 字数 159 千
版本 2023 年 5 月第 1 版
印次 2023 年 5 月第 1 次印刷
印刷 三河市龙大印装有限公司

地址:北京市丰台区莲花池西里 7 号(100073)
网址:www.lawpress.com.cn
投稿邮箱:info@lawpress.com.cn
举报盗版邮箱:jbwq@lawpress.com.cn

销售电话:010 - 83938349
客服电话:010 - 83938350
咨询电话:010 - 63939796

书号:ISBN 978 - 7 - 5197 - 7687 - 9
定价:72.00 元

凡购买本社图书,如有印装错误,我社负责退换。电话:010 - 83938349

天地人湖南大剧院办公场地

天地人楷林国际 A 栋前台大堂

天地人楷林国际 C 栋客户服务中心前台大堂

翟玉华参加党的十七大

“湘江法务圈”进十八洞村普法

天地人客户服务中心汇智厅

天地人客户服务中心聚贤厅

天地人客户服务中心露台一角（南北露台约 2000 平方米）

序　言

PREFACE

《不走寻常路》一书即将出版，湖南天地人律师事务所翟玉华主任嘱我作序，盛意难却。

天地人作为一家在行业享有盛誉的区域品牌律师事务所，在玉华主任的带领下，通过不断探索，走出了一条特色鲜明的发展之路。我曾经参观访问天地人律师事务所，该所勇于担当的职业精神、创新开放的发展理念、以人为本的管理模式、充满活力的工作氛围，给我留下很深印象。

《不走寻常路》这本书，凝结了玉华主任和天地人律师事务所对律所发展理念、组织管理、运营模式等方面的深入思考、实践探索与经验总结，也是天地人律师事务所30年发展的一个缩影。

天地人律师事务所以守望社会公平与正义为担当，认为律师不仅仅是一个职业，更是一个不断追求公平正义的事业。他们誓言，“做好一个律师，做一个好律师”“不为名义所动，不为权势所屈”。无论是为湖南株洲太子奶集团李途纯案件中的无罪辩护，还是对湘西十八洞村的法律扶贫；或者是对长沙市总工会、湖南省总工会特困职工帮扶团法律援助二十多年的坚守，还是为优化当地营商环境的披肝沥胆、殚精竭虑；抑或是为客户奔走呼号、日夜坚守，都体现了该所律师为公平正义事业孜孜以求的不懈努力。“人是不能被冤枉的”，既是他们对公平正义发自内心的认同，更是他们不断追求公平正义的原动力。他们把事业理想与社会对公平正义的期待紧紧地结合起来，折射出事业追求的宏大境界。正是这种把律师事业作为公平正义事业的理念，为天地人律师事务所事业发展注入了底气。

天地人律师事务所以人的能力、作用、贡献的发展变化作为运营管理的核心，认为无论是劳动密集型，还是资金密集型，或者是技术密集型的企业或事业单位，决定性的是人，而不是资金、技术或者物质，因此，律师事务所的运营管理应当抓住人这个核心。他们建立了以资为纽带，以人的能力、作用、贡献发展变化为实质的股份合伙制度，这个股份合伙制的特点如下：一是开放。符合一定条件的律师都可以成为合伙人，取得一定等级的股份。二是有差别。即按照人的能力、作用、贡献的不同，分别赋予不同的股份，对号入座。律所承认差别，肯定差别。三是动态。天地人律师事务所合伙人每年都要接受考核，对照股份等级，考核业绩。业绩超出一定额度的，股份等级上升，增持股份；业绩低于级别要求的，股份等级下降，减持股份；合伙人违反职业道德、执业纪律和本所有关规定的，冻结其股份，或自动退伙，或强制收购其股份；合伙人达到法定退休年龄的，办理退伙。通过这种方式，保持合伙人队伍的纯洁、生机和精干。

天地人律师事务所以人为本的运营管理模式，突出了人在事业发展过程中的主体地位，抓住了事业发展诸要素中的关键要素，不但可以解决主人翁的归属感、积极性问题，而且可以起到凝心聚力、降低管理成本、提高管理效率的效果，助推事业持续稳定发展。股权激励虽然可以激励股东或合伙人以外的工作人员，但对现有股东或合伙人难以起到激励作用，缺乏必要的刺激杠杆，也影响股东或者合伙人内部的活力。这种以人为本的运营管理模式，则既解决了外部增量转化的发展活力问题，又解决了内部存量裂变的发展活力问题。

为了实现以人为本的运营效果，天地人律师事务所通过以下方式来进行管理：一是建立了“一体两翼”的组织管理系统。“一体”就是天地人律师事务所的发展事业，“两翼”就是行政管理系统和党建系统。行政管理系统主要负责律所业务经营管理，党建系统主要负责律所发展方向和思想道德建设。他们认为，“领导力就是竞争力”，必须把最优秀的管理者放到领导管理岗位，以提高决策执行效率。他们实行“能者上，庸者下”的动态用人机制，配备了行政管理团队不同层级的负责人和相关成员，配备了党组织和群团组织不同层级的负责人和相关成员，党政组织系统完备，相得益彰。二是建立了合伙人、组织运营、利益分配、荣誉授予等系列激励制度，鼓励所有工作人员向善向上、积极进取。一进天地人律师事务所，你可以看到工作人员脸上充满自信的表情和满满的正能量。三是建立了从个人、团队到管理层，从业务、管理、公益到党建系统的考核评价及应用制度，形成了比较完善、统一的考核评价系统。这个考核评价系统促进了“律师团队化，团队专业化”的形成，保证了管理体系的有效运行。

三十而立，风华正茂。纵观天地人律师事务所走过的路，再看其昂扬向前的姿态，相信其明天一定会更好，更值得期待。

是为序。

金杜律师事务所全球主席

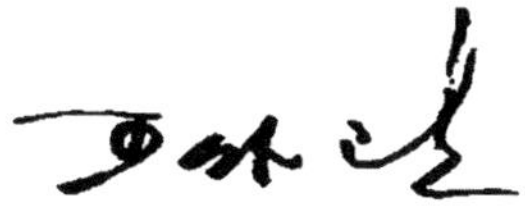

2023年3月

目　录

CONTENTS

第一章

走进天地人

湘江西岸，朝北而行，有一片三面环水、临江而立、双公园环抱的土地。这里，三栋超高层写字楼拔地而起，错落有致，摹画出这一片区的城市天际线，“品”字型布局，寓意立足长沙、对话世界的“国际之门”。每每朝阳东升，光线洒向楷林国际，这几座挺拔的现代化建筑便显得熠熠生辉。这就是湖南省金融中心，而楷林国际又是“金融中心的金融中心”。这里驻扎着长沙银行、三湘银行、财信人寿总部以及湖南银行等一众知名银行，可以说是整个长沙名副其实的“金融轴心区”——不得不说，是一个让人充满期待的福地。

在这美丽的湘江河畔，天空明净，树木葱茏，鸟雀翩飞，水天一色，一片生机勃勃。很难想象，一家出类拔萃的律师事务所——天地人律师事务所即藏身其中。楷林国际 A 座的 10 ~ 12 层，C 座的 4 层正是天地人律师事务所的办公场所。在 A 座和 C 座，天地人总共购置了超过 8000 平方米的办公区，是楷林的第三大业主。

站在 11 层前台大堂中央，翠绿的玉石板上雕刻天地人的 logo 拼花，与天地人律师事务所的铭牌并列的，是一行鲜红的金属字“中共湖南天地人律师事务所党委”，翟玉华解释道，2017 年天地人获批成立党委，是湖南省律师界最早着手成立党委的。

2020 年 11 月 13 日，安哥拉驻华大使若昂·萨尔瓦多·多斯·桑托斯·

内图（João Salvador dos Santos Neto）一行到访天地人，参观后，内图大使表示："天地人是一家国际化的律所，相信天地人这样有实力的律师事务所将全面推进安哥拉与湖南的经济合作，同时希望从天地人律所的角度帮助更多中国的企业到安哥拉投资。"在内图大使的见证下，天地人与安哥拉亚历山大·佩加多律师事务所（Alexandre Pegado & Associados，RL）签署了战略合作协议。翟玉华接着说："天地人有 59 个业务团队，涉外法律合作由专门的国际业务团队负责相关事务。天地人已经形成了规模化、专业化、品牌化、国际化的经营理念。"

国际业务往往是区域性律所的短板，但是，天地人直面差距，服务中非经贸合作，走出了一条差异化的发展道路。

天地人成立于 1993 年，作为传统的提成制律所，天地人深谙提成制带来的弊端：其一，中国律所大概有 90% 为中小律所，律所的弱小在于律所的无组织状态，合伙人各自为政，律所缺乏统一目标、愿景、价值观，没有发展战略，没有文化氛围，呈现一盘散沙；其二，传统律所往往采取传统单一的发展模式与单打独斗的作业方式，缺乏合作机制，很难实现律所业务专业化和团队化；其三，分配上往往分光吃尽，少有甚至没有公共积累，缺少发展基金，物质基础薄弱，发展后劲不足；其四，缺乏青年律师的系统培训机制，由于合伙人禀性各异，很难形成系统化、规范化的培训体制；其五，品牌上投入不足，与公共积累和发展基金不足有关；其六，专业化分工上力不从心，难以满足企业需要的更加专业的法律服务，如对外投资、收购兼并、证券上市、破产、知识产权等服务。传统提成制律所如果不加变革，那些小所便是汪洋大海中的一条小渔船，可能最后难以逃脱被吞没的命运。

在天地人的"而立之年"驻足回眸，一代代天地人律师在今与夕的传承中坚守，在变与革的创新中突围，历经百转千回，融入助力国家法治发展的大潮之中。不走寻常路，是天地人的标签，是天地人独特的发展模式的体现，也是天地人打破传统提成制困境的魔咒，老树发新芽，呈现一派勃勃生机。

不走寻常路，创始人翟玉华辞去公职成为一名律师，为实现心中的公平和正义理想，也给这家老所赋予了“特别正”的烙印；不走寻常路，天地人买下10,400平方米办公楼，背水一战，闯出一片天；不走寻常路，天地人践行“公益促效益，党建促所建”的发展路径，铸造律所灵魂，打响湖湘品牌知名度；不走寻常路，不以资本论英雄，以人为本的管理理念贯彻始终；不走寻常路，开启动态股份制，自我革命与浴火重生；不走寻常路，开创一条差异化发展之路。所有的一切努力和探索，让天地人这艘船乘风破浪，行稳致远。

“律所的价值是服务人民，推动社会公平正义的实现。”为此，律师必须坚持以事实为依据，以法律为准绳，客户不合理的诉求不予支持，司法不公正的行为坚决反对，坚持将“道德价值”摆在了“商业价值”之上。

“律师既是专业工作，也是社会工作，应该在我国经济社会发挥作用。”为此，天地人数十年如一日坚持开展各类公益活动、开展党建共建，还将所内的部分公共空间免费开放给社会公众使用——这种做法在国内十分罕见。

“‘支部建在业务团队’，党建与律所管理相融合，实现成员思想与业务的高度统一，进而推动律所朝着正确的方向发展。”在许多律所管理仍停留在“术”的层面时，天地人已经通过持续不断对党建价值的挖掘，在律所管理运营方面上升到了“道”的高度。

美国前总统约翰·肯尼迪在1962年对美国人民演讲时说：“我们选择在这个年代登月，不是因为它简单，正是因为它难。”也正是这句话，激励了一代美国航天人最终完成了当时看起来不可思议的登月任务。难走的路越走越容易，容易的路越走越困难，天地人一开始就选择了最难走的路，不寻常的路，现在看来，当初的决定是正确的。

每家律所的发展道路都是不可复制的，而天地人的与众不同就是天地人最大的优势。这是天地人——湖南律所中的引领者、探索者，亦是行业内坚持对律所外延进行拓展的先锋军。

令人"震撼"的办公环境

如今的律师行业，写字楼没什么特别——为了打造高端品牌形象，国内许多头部律所的办公室也都设在当地的商圈中心或高级写字楼。

但天地人的选择又有所不同——超前。

"2013 年天地人和楷林国际签约时，楼体本身还处在打地基阶段，可以说仍是一片荒凉，天地人则成为第一家入驻楷林国际的机构。两年后的 2015 年，国务院批复同意设立湖南湘江新区，这一带才逐渐成了推动长江经济带建设、促进中部地区崛起的重要支点之一，各大银行总部先后入驻。"天地人的战略眼光，可见一斑。

但这个印象显然还不够具体——在长沙，很多人不一定到过天地人，却大多或多或少听闻过天地人的名号。许多人都说，天地人是一家很"潮"的律所——天地人"潮"在哪？除了"潮"以外还有些怎样的特质？而今，咱就尝试以一个研究的视角，走进楷林国际，看看这家一直很"潮"的湖南头部律所究竟有些什么门道。

在办公室的装修过程中，律所总会为一个关键问题所困扰——怎么才能最大程度在前台就展现我们律所的核心文化？怎么才能一下就同时抓住客户的"眼"和"心"？

天地人总共有两处办公区。从中央的 C 座大厅走进去，乘电梯到 4 楼，便是天地人的"客户服务中心"——这里是天地人对外展示的窗口。

步入大门，迎面是风格大气而简约的前台。左手处的接待台和右手边的组合沙发后边都竖立整面的大理石幕墙，由石材本身的天然纹路拼成菱形图案，正对大门的则是三面透光的磨砂玻璃屏风。

整个 4 层融中式山水画元素于现代摩登风格之中，大面积应用乳白、明黄等亮色，辅以代表天地人元素的亮橙，明快不失优雅——以前台为例，干净利落的布置，白色的筒灯投在同样浅色调的大理石地板上，将整个氛围拉进一股素雅的暖色之中。整个4层的办公硬件均来自全球办公家具行业龙头、百年老店 Steelcase。选择世界品牌或采用顶级材料，成分安全，兼顾美观与健康。

接下来的行进方向，取决于你的身份与目的地。

如果你是一名拎包赶着办公的律师，此时就该右转奔向4层的开放式工位和合伙人办公室。假使时间没那么赶，还可以在路过名为“汇思”的活动室兼咖啡厅时给自己调一杯提神醒脑的饮品。当然，这里也是对来宾开放的。

而如果你是一位来开会的合伙人，或是预约了某间会议室用来开会/举办活动的来宾，就得迈开步子向左前进了——是的，客户服务中心的9间接待室、会议室均免费对外部开放，只要一个电话打到天地人前台提前预约，就可以了解空余时段并为自己的活动挑个好场地。

在会议室的布置上，律所们往往又会迎来一个岔路口：是选择沉稳庄重、整齐划一，还是尊重个性，以方便律师为要务切割成不同功能、大小不一的分区？

一般情况下律所会权衡利弊，择一而行。天地人的做法是：我全都要。C座错落、A座划一。

在C座的客户服务中心，每间接待室和会议室都配备了全套的智能办公硬件，智能门禁、自动空调、LED显示屏、投影仪、手写板等设备一应俱全。多层玻璃的隔音效果绝佳，以至于从前台过来的路上就能看见那间硕大的完全由玻璃围成的会议室“寰宇”。“寰宇”会议室由360°的透明隔音玻璃围成，中央摆着一张白色圆桌，八张靠背椅围成一环。顶部硕大的圆形磨砂大灯几乎占满了整块天花板，柔和的白光均匀洒下，美轮美奂。

无处不在的“圆形”元素寓意着对“圆桌骑士”精神的承袭与发扬，而360°的玻璃则传达出“开放”“透明”的交流理念——这些直观的表达往往并不难看出，但要体现出高级感却得颇费一番心思。

会议室、接待室的命名同样是门学问，天地人对此并不含糊。例如，“寰宇”一名取自汉代焦赣的《易林·升之临》：“权既在手，寰宇可驱。”其他会议室、接待室的命名同样“底蕴深厚”。“昭德”语出《国语·郑语》：“唯荆实有昭德，若周衰，其必兴矣”；“群英”出自《后汉书·窦何传论》：“内倚太后临朝之盛，外迎群英乘风之势”；“明法”出自《管子·幼官》：“明法审数，立常备能则治”……这些命名可能不会对会议本身带来什么实质性增益，但当你告知或被告知参会地点在“汇智”或是“聚贤”时，也必然会比在“1 号会议室”或“4 号会议室”多感受到几分温度。

以上其实基本就已经是现代律师事务所公共空间的全部功能分区了——满足了基本的会议、活动和品牌展示职能后，再在寸土寸金的办公区开辟别的空间，显然有些奢侈。因此，大多数律所的办公区其实相当紧凑，更多处于“麻雀虽小，五脏俱全”的状态。

尽管如此，仍有一小部分律所选择了开辟更多空间，为律所赋予更丰富的文化内涵。天地人亦是如此。

总在室内开会未免有些逼仄，时间长了容易让人透不过气来——这也是如今高层写字楼的通病。但客户服务中心刚好有“地利”可以改变这一格局。C 座的 4 楼附带了一南一北各 1000 平方米左右的大型空中花园，天地人于是因地制宜，将它们设置成了不同的功能分区。

前面提到，前台正对大门处设置了 3 面屏风，而这些屏风也并非单纯的装饰——绕过屏风，就会惊喜地发现后边暗藏玄机，遮住了一扇通向南花园的大门。南花园的定位是茶话、休息区，中央设置有一座大型的现代风格的风雨亭兼茶水间，四周则错落布置着多处桌椅步道，方便所内律师、员工或客户、外来嘉宾漫步闲谈。如恰好赶上黄昏，悠然的下班音乐奏响，天色氤氲在一片柔和的藕荷色中，此时漫步露台，看着西边的高层住宅里一间间亮起灯火，很难不暂时忘却日常工作的劳碌而寻得几分心灵上的平静和安宁。

北花园也藏在类似的“玄机”当中，但在布置上更加开放、活泼。出门左手侧便是几张台子拼成的一字型长桌——律所的工会以及一些外部协会、单位时常会在这儿组织手工活动。向前直走两步则是一片面积达数百平方米的小型广场，足以组织百人以下级别的酒会类活动——大多数情况也确实是这么用的。周围还间隔设置了两处花园和两处L形长椅，也许酒会正酣时落单的“幸运儿”就会在此醒醒酒。

一南一北两个花园，一主内一主外，颇有几分天作之合的意味。但细细琢磨，又会体悟到其中的难得。

难得有二：

其一，在寸土寸金的都市中心商区写字楼，能够拥有足足2000平方米室外空间的律所并不多见。

其二，对于律所这样的商业机构而言，愿意投入成本设置大量公共空间的能有多少，而愿意将这些公共空间不仅开放给所内，更开放给所外使用的，又能有多少？

天地人做到了，但从行业的视角来看，显然并不能单纯用“天地人有钱”来解释，毕竟创收比天地人高的律所还有很多。支撑天地人作出这样的布置和决定的，可能更多的是其在客户服务中心装修过程中始终坚持的“以人为本”的理念。

金杜律师事务所原主任、曾担任全国律师协会会长的王俊峰律师，在一次参访天地人的时候对天地人主任翟玉华表示：“你们的装修布局，很震撼。”显然，能让见多识广的王俊峰律师震撼的绝不单单是高成本、高质量的“门脸布局”，他更认可的，应该是这种难得的开放胸怀以及深藏其中的“人本”理念。

这里的“人”，包括律所里的律师、员工，但天地人更希望包括的范围是“全民”。

浓烈、可感的文化氛围

我是一名普普通通的律师，年龄二十有六。白天西装革履，面谈、会见、开庭、写文书，晚上则摇身一变，篮球社、合唱团、摄影队，哪里组织活动，哪里就有我活跃的身影——有时候是在4楼的会议室或露台，有时则是带着所里给的预算集体出游。无论是忙的那面还是闲的那面，天地人都给了我充足的安放空间。

——一名普普通通天地人律师的独白

这种忙闲交融的生活状态，也是很多天地人律师的常态——充足的场地提供了滋养丰富业余文化的土壤，而后者又反过来影响律所的内部工作氛围。

大型的会议、活动，往往会在C座4层召开，但对于天地人大多数的律师、客户，A座10~12楼才是更常造访的区域。与C座相比，A座更多扮演文化殿堂、行政中心、决策中心的角色——这里以合伙人办公室和律师工位为主，有天地人更多可以具体感知到的文化氛围。

此处往往又会诞生一个新的“拷问”：对于律所而言，公共空间用以凸显品牌、文化，那办公区域的布置呢？

出于律师们严谨、务实的个性，一般而言，律所的答案往往是：实用为主，空余处设置休息间，尽可能不浪费空间。

天地人则“思路清奇”：一方面，办公室和工位的布置都很宽敞，空间充裕——最小的合伙人办公室也有15平方米以上，配套设施更是豪华——这一切的目的都是让律师们集中精力，专注打磨“专业”；另一方面，这里的文化氛围比起C座反而有过之而无不及——天地人最大的文化特色“党建”“公益”“核心价值观”，在此处体现无疑。

同样搭电梯上楼。这里的前台设在11层。走出电梯，第一眼看到的不是前台大厅，而是树在电梯门口的几面巨大宣传牌——牌上展示的是最新的党务动态及天地人的最新党建工作成果。一间间挂有党徽的党员活动室，一条条党建学习长廊、党史文化长廊，营造出十分浓厚的党建氛围。“通过阵地建设营造良好的党建氛围，让律师们能够找到党组织，听到党组织的声音，看到党组织的动态信息。”天地人党委书记翟玉华介绍说。为创造和谐的党群关系，天地人坚持“党建带团建、带工建、带妇建，党建与民主党派合作共建”的理念，创造了“1+N”的管理模式。“天地人党委将始终带领律师及员工坚持党建引领、心向群众，在发挥职能作用、为群众办实事方面充分践行‘人民律师为人民’的理念，满怀热情投身于全面依法治国，以实际行动彰显党员律师的责任和担当。”天地人党委书记翟玉华说。

相较于客户服务中心，11层的前台显得更加“稳重”。这一印象很大程度来源于大厅右侧那尊引人注目的大鼎——鼎座上书“鼎立天地、人定乾坤”8个大字。这尊鼎是正式入驻时楷林国际总部赠送给天地人的，中间还藏有一段佳话。

以人为本和长期主义的理念同样体现在A座装修布置的方方面面。

走到11楼前台，就能看见正对大门一字排开的6间会客室——均是能饱览江景的最优地段，为的就是让当事人来谈事情时能够尽快放松心神。出了接待室向左走几步，楼层拐角处还设置了包括数张真皮躺椅在内的休息区，如果当事人情绪紧张，这里是个不错的赏江景、放松心情的地方。

前台往右走，穿过核心价值观浮雕的走廊，上面鎏金铭刻了“专业、品牌、开放、创新、共赢”十个大字，经历30年的探索，天地人沉淀下来的发展理念，每一个字都有自己的独特理解。

接下来就会来到一个拐角——左手边是贵宾接待室，右边则是律所荣誉室。贵宾接待室宽敞明亮，米色的沙发大气优雅，沙发间的茶几上则错落布置着装饰花瓶及浏阳特产的天青菊花石。虽说是贵宾接待室，但使用场景却很灵活——来宾也好，律师、员工也好，每个人都可以是天地人的“贵宾”，毕竟，空间总是为人服务的。

荣誉室则更具“天地人特色”，每家律所都或多或少有自己的“荣誉展示区”，因为律所们都需要回答一个问题：“怎么恰到好处地向客户证明你的实力?”

此时，荣誉展示就成了必要的选择，既直白高效，又显得优雅不刻意。

但天地人似乎又交出了一份不太一样的答卷。用翟玉华的话说：“荣誉不仅是给外人看的，更是用来激励自己不断向前的。”

为此，天地人专门腾出了整层楼里江景最好的房间作为荣誉室。进门就能看见毛主席半身像，以及墙面上“为人民服务”五个大字——这也呼应天地人一以贯之的立所理念。

荣誉室正中央是汉白玉拼成的错落有致的展示地台，其上展示的荣誉也有内在逻辑：正面是律所整体获得的高规格荣誉，展示天地人的整体形象，比如2000年司法部授予的“司法部部级文明律师事务所”、2005年中华全国律师协会授予的“全国优秀律师事务所”、2008年湖南省人民政府颁发的“非公有制经济服务先进单位”、2011年获得的“省委先进基层党组织”都是其中代表；左侧靠窗那面摆放钱伯斯、ALB、Leagalband、Benchmark Litigation等国际知名评级机构为天地人颁发的荣誉，面向窗外的湘江也昭示天地人走向国际的愿景与决心。由于空间有限，这里展示的也仅仅是天地人获得荣誉中的一部分。

在地台背后，是一整面荣誉墙，划分为左、中、右三块区域。左侧是天地人历届管理委员会的成员名单，用来肯定、激励成员为律所管理做出的贡献；右侧是上一年度评优中胜出的律师、团队，用来表彰和鼓励员工下一年度再接再厉；中间则展示兼任人大代表、政协委员等社会职务的律师以及所内全体高级合伙人。

天地人极其重视历史，重视贡献，相信文化在未来具有强大竞争力。正如《小王子》里的那句话：“如果你想造一艘船，你先要做的不是催促人们去收集木材，也不是分配工作和发布命令，而是激起他们对浩瀚无垠大海的向往。”翟玉华主任进一步说：“要建设一家有灵魂的律师事务所，用来培养有灵魂的法律人。律师并无权力、金钱可倚仗，其安身立命之本在于法治的权威、人性的光芒与智慧的力量，否则必将堕落为‘马仔’与‘掮客’。我们就是要突出天地人以人为本的价值观，激励和引领全所律师向先进学习，以法行善，弘扬社会正能量。在这里，既是天地人的精神殿堂，又是对外展示的文化中心，走到这里，就抵达了天地人的精神世界。”司法部、湖南省高级人民法院、检察院、大型国企多位领导陆续莅临指导，都曾对天地人的这番理念表示高度赞许。

另一块墙面上悬着用毛笔书写的行政大事记和党建大事记，苍劲有力，在淡黄色的宣纸上徐徐展开。红木的案台上摆放文房四宝，愿意的话，嘉宾们可以于此挥毫泼墨，留下对天地人的祝福和期望。

比起其他律所最多耗费“一面墙”的代价，像天地人这样奢侈地用掉一整个房间的恐怕是凤毛麟角。如从经济效益的角度考虑，可能会让人觉得有些“形式主义”。但实际上天地人一直崇尚通过荣誉方式鼓励、激励律师和工作人员奋进的文化。文化需要载体，荣誉室正是这样一个载体，目的则是推动和鼓励大家实现自身发展。

长沙城多了处“打卡地”

2021 年，有一段时间，来天地人拜访或谈业务的当事人、客户，可能会碰见一群人举着摄像机蹑手蹑脚地穿过走廊过道，随后涌入某个会客室或办公室紧闭大门——这是在闹哪一出？

2022 年 7 月，答案揭晓了。腾讯视频、优酷联合推出了一部名为《亲爱的敌人》的纪录片，8 集，每集 45 分钟，作为国内首档“婚姻家事律师”行业纪录片，从 4 位性格迥异的家事律师视角，讲述一个个真实又跌宕起伏的婚姻家庭故事。而这档由腾讯视频、优酷、中广天择出品，长沙市律师协会指导的纪录片，不仅主要参演律师来自天地人，所里的办公室、会客室、休息区等也成为纪录片中频繁出镜的取景地。

这也不是天地人第一次当“网红”。如果经常刷湖南的抖音、视频号，那可能时不时就会在不经意间和天地人的律师们打个照面——以通俗易懂的语言解读热门法律问题或拿办公区当 T 台走秀博大家一乐……天地人的“潮”，长沙独一份。

事实上，自从天地人搬进楷林国际起，来打卡的各类人士就一直不在少数——试想一下，如果总听说有家公司装修顶呱呱，旁人甭管去过没去过都在耳边不停夸，而且还免费对外开放参观，那怎么着也得去长长见识不是？因此，慕名前来参观的律所管理层、律师协会人士、司法机关人员乃至于所内律师的客户、家属以及其他普通民众数不胜数，一时间可以说“踏破了门槛”。

为什么单一个办公室就这么吸睛？

答案其实也隐隐照出了天地人的又一个特性。

许多律所的办公室装修，实用为本；天地人的办公室装修，创新优先——“差异化”一直是天地人赖以在湖南法律服务市场稳居头筹的重要法宝。

外行看热闹，内行看门道。许多律所的主任、合伙人一来，立马就从许多细节里看出了天地人的不一般。

比如，律师工位和合伙人办公室布置。大多数情况下，合伙人是律所的主要生产力和核心竞争力，为此，不少律所将办公资源向合伙人倾斜，靠窗的位置一股脑拿来修合伙人办公室，律师则挤在靠内的区域，可天地人的合伙人办公室却和律师工位错落着布置，呈现一种“水乳交融”的状态。有合伙人靠窗，也有合伙人不靠窗；有律师靠窗，当然也有律师不靠窗——平等。并且，工位和合伙人办公室都由所里出资，免费提供。

再如，律师的工位都非常“宽敞”。天地人执业律师的工位宽度普遍在一米二以上，除了工位上的抽屉，墙面和走道上也都有隐藏其中的储物柜以供使用。

又如，一些细微处的“人性光辉”。每层楼的四个角落都被设置成了休息区、咖啡角，与错落在各个区域的十几台饮水机一道，形成了走几步必然有水喝的“饮水机半径”——当然，这是律师们私下的调侃之词；商业区停车位紧张，天地人出资在楷林国际的地库买下了整整100个车位供律师们使用，自此最高峰时也没出现过车位不够用的情形。

不少律所在来天地人“取经”后，回头也拿这些经验改造或设计自己的办公区。这些经验理念一度还火出了圈，连城投公司等天地人的客户也慕名来所里拜访学习。来过看过，总要拍几张照片发发社交平台和朋友圈，天地人于是一下成了长沙律师圈最热门的打卡地之一。

C座4楼的客户服务中心本就面向公众开放，建成后自然也是人气爆棚。包括湖南省司法厅、长沙市司法局、湖南省律师协会在内的众多单位、机构、企业都经常借这边的场地举办活动——正与天地人当初开放客户服务中心的初衷相合。

参观的人越来越多，来访者在对天地人这家“潮”所印象越来越深的同时，往往也会随之产生更深层次的疑问：到底是怎样的过往，才塑造出这么一家与众不同的所。

30年一路走来，从小到大、从弱到强、从默默无闻到全国优秀，天地人向社会各界展示出不屈的精神、顽强的意志以及差异化发展之道。未来，天地人将继续扎根长沙，立足湖南，放眼全国，按照既定目标，加强创新驱动，明晰内部管理与发展路径，不断扩大区域优势，做本土化、规模化、品牌化、专业化、国际化发展的标杆律所，做让党和人民放心满意的人民律师，为法治政府建设贡献天地人力量。

分析可以有千万种维度，但事实却永远只能有一个。要探讨这个问题，我们可能就得拨转一下钟表指针，溯着时间之轴回过头去仔细寻找答案。

第二章

公平正义之种

东去的长江之所以浩浩汤汤终年不息，很大程度上得益于汇聚在她身上的成百上千条支流。

某种意义上，这种交响乐般相互成就的壮阔奇景，和如今的律师行业颇为相似——来自不同地域、不同律所以自己或轻或重的力量，成就了如今52万多名①执业律师的从业体量，且仍以每年超过5万名的速度快速增长。

湘江，洞庭水系里流域面积最大的河流，长江最不可忽视的支流之一。同样，近2万名湖南律师，② 也在日渐壮大的全国律师行业里，扮演类似湘江之于长江的角色——天地人，是这条“湘江”中最重要的支流之一。

历史往往最容易见微知著，正如任何步步做大的企业都是从最早的几位创始人手中孕育，且必然受其影响汇入对应基因。天地人这家拥有百余名合伙人、400多名律师的律所，显然也是从最初时光里偶然擦出的一缕星火中创生而来，由此奠定了一以贯之的律所基因。

要谈论天地人的基因，就绕不开翟玉华。可以说，如果不是翟玉华早年的经历让他产生了对公平正义的孜孜以求，很可能就不会有后来关于天地人的这一系列故事了。

---

① 数据截至2021年年底。

② 截至2020年12月底，湖南全省共有律师事务所942家，律师18,191名。

唯愿公平如大水滚滚，使公义如江河滔滔。

——《圣经·阿摩司书》

“人是不能被冤枉的”

1981年，即将从邵阳师专毕业的翟玉华收到一个不幸的消息——他的父亲突然被抓了。①

翟玉华的父亲曾经是塘田村的党支部书记，并且一当就是20多年，但翟玉华考上邵阳师专那会，翟父已经卸任去了乡镇企业办。要说别人犯法，翟玉华可能会信，但对于自己这个大公无私的父亲，他无论如何也想不出这个可能。

在翟玉华的印象里，父亲是“属于别人家的那个人”。早年担任塘田村党支部书记，翟父一天到晚都奔波在外，除了睡觉以外，时间基本都投在了工作上，0点以后回家，天刚蒙蒙亮又奔出门去是家常便饭，而翟母又身体抱恙，因此，从七八岁起，翟玉华就担下了家里的挑煤、砍柴、做饭等杂活。

翟父对村子的付出有目共睹，为人又低调、廉洁，常常为了避开别人的请客吃饭而东躲西藏，有次大家到处找不到人，饭局散了才发现翟父居然一直躲在厕所里。也因此，上级三次要给他提干，但翟父都拒绝了，理由是村民需要自己。当时，塘田村依山傍水，但山多是荒山。有阵子，其他村忙着开大会、搞武斗，翟父却带着村民们披星戴月，植树造林。几年奋战，成功将村里1000多亩荒山上栽满了树苗。

时光飞逝，幼苗渐渐成才，但这片山地却突然被划归成“国营林场”。自己辛辛苦苦种的树突然就不归自己了？村民们不干了，齐哄哄上山，将“国营林场”砍倒的林木分给了村民——而翟父对此并不知情。

---

① 1995年，翟玉华的父亲被宣告无罪。

因为翟父曾代表村民向上级反映了不应没收村民所造林木的情况，有人觉得只有他才管得住这些村民，于是将翟玉华的父亲送上法庭。法院以“哄抢国有林木”的罪名将翟父抓了起来，并最终判刑一年。①

值得注意的是，发生纠纷的林地本身就属村集体所有，林木也是村民们一担水、一铲土种出来的。村民上山分木，是基于对国有林场一纸文件就要争夺村民劳动果实这一行为不满，因而一气之下自发形成的集体行动。翟父无辜蒙冤，感觉像吃了一闷棍，心里十分难受。

但结果已定，翟父入狱。这一事件对翟玉华的就业也带来了意料之外的影响。

翟玉华原本计划被分配到武冈三中，但武冈的教委领导却不同意翟玉华进武冈三中：“他的父亲被判刑！”

很难想象当时的翟玉华听到这句话时是怎样的表情和心情。一段时间，他的脑子里像被扔了一颗炸弹，以前的信仰与努力被炸得粉碎，形成一串串的涟漪，没完没了地往远处延伸、扩展……一个长期对党忠心耿耿，连吃饭、睡觉都没有放下老百姓的基层干部，一个赤诚向党、一心为民的共产党员，难道错了吗？自己也跟随父亲脚步，努力了近 10 年，难道也错了吗？翟玉华仿佛跌入谷底，一切成为虚无。追求的信念和冰冷的现实间存在冲突。

命运的车轮在此迎来了至关重要的一次转向。翟玉华在为自己的父亲心疼之余，第一次亲身体验到了不公对于一个个体、一个家庭的伤害：“今天蒙冤的只是我的父亲，受挫的只是我的就业前景，但在其他地方，还有多少类似的现象正在发生？还有多少人和他们的家庭正在遭受与我类似的情境？”经历是共情的基础，尤其是翟父出狱时村民们所表现出的淳朴情感，让翟玉华越发深切地体会到“正义”二字的分量。

“我深感父亲被冤枉的痛苦，甚至迫切希望能有‘青天’来主持公道。”

---

① 舟子的船：《我所知道的翟玉华》，载微信公众号“舟子的船”2019 年 1 月 16 日，https：//mp. weixin. qq. com/s/lw－xdPzbX43dtDVEIpx－uQ。

翟玉华这样回忆当时的心境。他情不自禁地说："人是不能被冤枉的。"自此，一定要维护公平正义这个念头成为翟玉华终其一生追求、实践的价值观，也随着他的个人发展而被带进了天地人的律所基因当中。

言归正传。所幸武冈三中的党支部书记李望筠和教委领导的观点不同。在他看来，品学兼优的翟玉华不应该被耽误，因而顶着压力据理力争，最终获得教委领导的认可与批准，翟玉华也因此得以留在武冈三中，成了一名初中语文教师。

"弃文从法"之机

武冈三中坐落在赧水河畔的芸苔岭，白底黑字的大门，古朴的青砖教学楼在山坡上排列，绿荫苍翠，林荫大道沿着山坡直通校园中心，在 20 世纪 80 年代算得上很有辨识度。

翟玉华的语文其实教得很好。虽然口音浓重，但他讲话抑扬顿挫、掷地有声，念起古文诗词来恍若自己就是作者本身，沉浸感极强。当班主任时，这种个人魅力还会放得更大些：他会在给学生们的第一堂课就灌输"好男儿志在四方"的理念，许多学生对此印象深刻，甚至后来听说翟玉华去当律师，有学生受他影响，同样选择走上律师这条道路。多年以后，还有翟玉华的学生不远千里回来找他"叙旧"。

在武冈三中的生活安定下来，但翟玉华并不打算就此止步——现有的学识并不足以满足他对未来的期许，他希望继续提升自己的文化水平。所以，在从教的同时，翟玉华也在为更进一步的求学做准备。

最开始，他打算在文学方面进修。虽然普通话不太标准，但翟玉华在文学这块已经有了好些年的积累——彼时中国人民大学长期连载鲁迅相关著作研究、资料汇编，翟玉华每期必订，持续多年，因此积累了不浅的造诣。

另外，父亲的冤屈一直没有被洗刷，这成了一枚卡在他心头的刺——如果日后再有人用“你父亲是罪犯”的由头来拦阻翟玉华，他该如何自处？

有人出来“点醒”了翟玉华。那是1986年，一位从外地回来的同学看翟玉华天天抱着《鲁迅研究》等刊物、汇编埋头苦学，就跟他说：“翟老师，你读这些东西有什么用？文学说到底只是个工具而已，现在要搞市场经济，法律一定很重要，你不如去学学法律。”

翟玉华听了，暗自琢磨，觉得很有道理。更重要的是，10年前《屈原》给他留下的深刻印象，4年前父亲的蒙冤入狱此时也一同涌入脑海：要想为父亲洗刷冤屈，乃至于进一步维护公平、伸张正义，学法律，也许真会是个不错的选择。

虽然翟玉华暗自认同了同学的观点，但转修的问题也不是没有：“手头上全是文学书，法律书一本没有，怎么考？”

那还是律师制度恢复不过寥寥数年的20世纪80年代，法律专业在动荡中搁置许久，许多法学生用的教材甚至是本校编制印刷出来的，因此法律书在当时可以称得上“宝贵”二字。

同学摆摆手：“这没问题，我给你搞。”

大丈夫一言九鼎，同学真的从外地给翟玉华寄来了一堆法律书籍著述，加上翟玉华自己通过各种路径找来的学习资料，转修法律的事情就被提上了日程。

开头算是顺利，但过程中的辛苦还是免不了，尤其是考试科目里还包括翟玉华没怎么学过的英语。

当时翟玉华带着2个班级，每个班80个学生，加起来就是160人，每天备课、讲课、管理班务琐事，时间就已经所剩无几了。为了挤出更多时间复习，翟玉华想了各种办法，比如尝试抽出本质规律来教给学生，一篇作文，他先花几十分钟或半个小时写篇范本，然后指点学生掌握其中的核心思路和规律，如此就能挤出更多时间来学习法律。

零基础入门，翟玉华考了两次，一次1988年，一次1989年。第一次考试，因为之前完全没入过门，用翟玉华自己的话就是“话都不晓得怎么讲，题也不知道怎么做，理论分析更搞不清白”。因此，第二年翟玉华通过同学找到了真正的法学老师，听他们实际讲课是怎么样的，又在课后虚心请教各类问题，譬如名词解释要解释到什么程度、范围。翟玉华并不刻意刷题，而是把当时国内几乎所有法学教材都学习了一遍，还详细地做了笔记，对比个中不同之处，深入领悟。备考期间，翟玉华每天 6 点准时起床，凌晨才睡下，寒暑皆如是，也因此打下了非常扎实的基础。

1% 的天赋，加上 99% 的汗水，1989 年，在一众名校毕业生里，翟玉华以全专业第一名的成绩考进了中国人民大学，开始修习刑法硕士研究生课程。翟玉华“悬梁刺股”的求学之路甚至还一度成了武冈当地的“典型案例”，多年以后还有不少人慕名找到翟玉华，对他说：“我从小听着您的故事长大，您的经历激励了我们一代人!”

1989 年还发生了一件不大不小的事——司法部将一份关于律师体制改革的方案上报国务院，得到了“可在地方做改革试点”的批复，[①] 这给后来早期合作制律所的诞生铺平了路。

彼时的中国人民大学群星荟萃，其中包括当代中国著名法学家和法学教育家、新中国刑法学的主要奠基者和开拓者、中国国际刑法研究开创者、中国刑法学专业第一位博士研究生导师、与马克昌并称“北高南马”的高铭暄，以及刑法专业博士研究生导师、中国人民大学法学本科第一期学员王作富等刑法学泰斗。

在中国人民大学法学院，翟玉华遇到一位早两年入学、身高一米八五、西南政法大学 78 级毕业且同样来自湖南的年轻人——佘宏荣。都是老乡，又在一块修学，两人建立了深厚的友谊，也因为这层关系，一处伏笔就此埋下——翟玉华后来又结识了佘宏荣的哥哥佘跃荣，后者在日后与翟玉华一块成为天地人创所的最初班底，并肩作战至今。

当然，这又是后话了。

---

① 刘阳、娇旭：《一部律所史，澎湃 40 年（上篇）》，载微信公众号“众垒新律动”2019 年 9 月 26 日，https://mp. weixin. qq. com/s/9RVh9l02 roq5IcLQAbDNUA。

辞行法院之路

从中国人民大学法学院学成归来，翟玉华成为一名法官。

进入湖南省高级人民法院的第一天，翟玉华至今仍记得很清楚。办公室里，领导一边翻阅翟玉华的档案，一边和他有一搭没一搭地聊着。良久，沟通结束，领导走到门前送翟玉华出去。前脚还在半空中，领导拍了拍翟玉华的肩膀，说："你父亲的案子，不能提。"

翟玉华一直想为父亲翻案昭雪，当时弃文从法也部分基于这样的初衷，但领导这番话无异于当头浇来一盆凉水——所追求的公平正义看起来似乎并不是那么容易实现的。

这是1991年。

20世纪80、90年代之交的法学界气氛已经逐渐活跃起来，法学出版物日益增多，国外不少法学著作也得到了翻译引进。得益于逐渐开放起来的风气，在中国人民大学法学院的翟玉华勤恳夯实基本功，又借机吸收了不少新的法学思想，度过了颇为充实的几年。

彼时，硕士毕业生在国内还是稀缺物种，在亟须人才的公检法系统更是"香饽饽"。翟玉华毕业时，适逢法院系统在中国人民大学组织开办高级法官培训班，那些参加培训的法官们就和学生们住在同一栋楼，来来往往，每天"抬头不见低头见"，相互间自然也少不了各种交流。

彼此知根知底后，培训班的法官们发现翟玉华等人确实很有才华，便推荐他们到湖南省高级人民法院——那个年代的高校毕业包分配，又有法官们的推荐背书，1991年，翟玉华顺利进入了湖南省高级人民法院。

此时，已经是90年代初期，对于1956年出生的翟玉华而言，人生已经到了而立之年，该是安身立命的时间段了。从三湘一个小村到省会城市长沙，从一名中学教师到一位高级法院法官，可以说，翟玉华的人生已经实现了足以令人侧目的跨越，如果愿意，他可以抱着这个“铁饭碗”安安稳稳地度过余生，在法院系统里按部就班地依律断案，一定程度上也算实现了对于公平正义的个人追求。

但很显然，命运并不打算让他就此驻足，入职当天领导的那番话让翟玉华意识到此路不通。时隔多年，他仍然记得父亲出狱时的场景：村里提前知道了消息，男女老少2000余人自发出动，在县城通往村里的路上夹道欢迎，还专门安排燃放鞭炮、舞龙舞狮，锣鼓喧天地迎接翟父返乡，绵延了20多里地。于情，翟父博得了民众的认同；于理，翟父本身亦无过错——这样的事实摆在眼前，翟玉华如何能接受父亲蒙冤?

此后，作为法官的某些经历则加深了这种印象。由于是中国人民大学毕业的高才生，进法院后翟玉华被分在了特设的法官培训中心，担任讲师，主要负责提高法官的知识水平，但也会办理一些案子。其中有两个案子令其印象深刻。

有一回，高级法院正在承办一起从岳阳市中级人民法院过来的二审刑事案件，一审判决是死刑立即执行，但二审经办法官拿不定，当时，内部争议很大。在当时的高级法院，翟玉华是唯一专门修过刑法的研究生，称得上“权威”，于是领导找翟玉华征求意见，请他看看判决结果到底对还是不对。

案情是这样的：一名从河南来的货车司机，到湖南湘潭卸完货后空车返程，途径岳阳县的一个乡村饭店，因车有点毛病，司机就在饭店门口停下看了看，结果饭店老板、服务员拉着他强行要求他交钱吃饭。司机当然不从，以赶路为由上了车就跑，饭店的人也不肯放过，抓着撬棍爬上驾驶室和司机扭打，司机一手还击一手把方向盘，操控不过来，货车翻进了塘里，把饭店的人给压死了。岳阳市中级人民法院因此以以危险方法危害公共安全罪判处货车司机死刑。

翟玉华觉得这判决不对，不符合《刑法》的规定，便用了几张纸把案件争议点写清楚，并列上了自己的意见：第一，《刑法》里没有对应的罪名（《刑法》修改前没有这个罪名）；第二，案件起因在饭店老板而非司机，司机也是被害人；第三，司机案发时无法预见对应行为可能产生的后果，没有杀人的主观故意，不可能明知，但他应当预见而没有预见这种结果的发生，因此，可以判处过失杀人。高级法院也据此在二审中改判，改死刑为13年有期徒刑。

结果的改判并不是关键，关键是这起案子让翟玉华意识到了律师的重要性。一审中的律师水平不够，没有把握住案情的关键点，对刑事法律法规也不够熟悉，和二审在没有律师的情况下得到改判对比起来，更是显得触目惊心。

有没有律师，很重要，但律师是不是够专业，更重要。

另一回则是翟玉华自己在邵阳承办的一起二审案。被告人姓姚，邵阳有一个地下防空洞，夏天有很多人就在洞里纳凉，其中有个被害人喜欢抽烟，个性又顽劣，对被告人看不顺眼，拿着烟头三番五次烫被告人，被告人忍无可忍，就跑到洞外，买了把刀子，被告人回到洞内，被害人又用烟头烫被告人，被告人才将别在身上的杀猪刀直往这人身上捅，结果正中心脏，人当场死了，被告人也因此被抓了起来，判了死刑。

案情分析下来，翟玉华认为判决过重，应该改判。虽然案子最终也实现了改判，但在讨论的过程中，翟玉华发现，彼时的法官们更多还是凭借执业经验来进行决断，对法理逻辑和客观规律的重视程度略有不足，换言之，整个队伍还需要专业性的提升，在这种前提下，一名拥有较强专业素养的律师，无疑能在案件办理过程中发挥相当重要的作用，和法官一起提升最终判决结果的公正性。

民事的也好，行政的亦好，刑事的也罢，都需要专业，都需要符合规则的要求。力度重了，就会产生冤屈；力度轻了，就无法发挥法律应有的作用。在翟玉华看来，律师恰恰能够从中发挥自身价值，推动依法断案、公正执法，这也是他眼中一名好的律师应该扮演的角色。

种种经历催动下，翟玉华开始认真考虑跳出法院，以律师的身份来推动公平正义。但想要跳出法院，需要一个合适的机会。

契机很快就来了。1992 年，邓小平“南方谈话”，十四大召开，建立社会主义市场经济体制的目标正式确立，市场经济的春天来了，律师制度的改革也逐渐迎来曙光。而在千里之外的湖南，也渐渐有了春江水暖的意思，政策环境正在逐渐变化。1992 年 9 月，湖南省司法行政系统也打算响应十四大号召，便主动来省高级法院动员，想要从高级法院的高学历人才里拉出一支队伍，组建一家律师事务所。翟玉华一听，正中下怀，便立即报了名。

当时湖南正试行特批律师的特殊政策：本科毕业、法院工作 8 年；中级职称；研究生毕业、法院工作 2 年——三个条件里只要满足一项，就可以特批成为律师，而翟玉华刚好满足了第二、三条。申请期结束，整个湖南省高级法院共有 4 个人报名，其中 3 位研究生 1 位本科生，都获得了特批通过，但组建律所需要 5 个人，还缺 1 位。

此时，担任省高级法院经济审判一庭庭长的佘宏荣听说了这件事，便推荐了他的哥哥——曾在邵阳市中级人民法院做法官后来又调到一家国有企业当法律顾问的佘跃荣，如此，算是凑够了 5 人。

不过，虽然高级法院里的 4 个人都获得了特批，但真要轮到递交辞职报告的时候，反倒只有翟玉华义无反顾地出了手。日后有同事回忆说，后悔当年没跟着“老翟”一块跳出来，翟玉华也是一笑过后调侃他们一句“怕死鬼”。

当然，像翟玉华这样的高端人才，法院系统并不会那么轻易放手。在翟玉华的辞职报告获得预批准前，就有多位领导找他谈话。一开始是上级，而后出动了政治部主任、副院长，动之以情晓之以理，同时善意提醒他：出了机关，就没有兜底了，失败风险很大。

但在此之前，翟玉华已经花了 6 个月的时间下定决心：如果沦落到那种地步，说明我翟玉华本就无能，留在法院系统也没有用，而且如果我因为三言两语就放弃自己的决定，那说明我没定力，留下来也没太大价值。因此，“失败了去拉板车也要辞职”。最后，高级法院请了一位和翟玉华私交甚密的同事来当“说客”，两人在高级法院的小道上漫步，一圈又一圈，同事也逐渐为他的坚定所感染。最终，高级法院松口，打开了门。鉴于改革开放的浪潮和司法部特批律师制度的落地，翟玉华带着公平正义的理想和法治的梦想离开了体制，不为了钱，为建一家好律所，开创一片事业。

1993 年 2 月，翟玉华离开了湖南省高级法院——属于翟玉华一个人的故事就此落幕，此后徐徐展开的，是一幅属于一家律所的长轴画卷。

东风已至，人事肇启

1992 年、1993 年之交，对于中国律师行业而言无疑是非常值得纪念的、里程碑式的一段时期。司法部开始允许创办私人律师事务所，而在这之前，律师事务所都是国家所有，都是公办的，律师都是拿工资的法律工作者。早一批“92 派”律师下海创业的浪潮就此掀起，而全国各地的国办所、合作所也迎来了制度改革的一次良机。在中国法学界，确切地说，中国律师界，也有这样一批精英，在当时的背景下，从公检法司等体制内毅然决然地走出来，丢掉“铁饭碗”，辞职“下海”当律师，创办自己的律师事务所，探索律师制度改革的新路子，书写了律师界“92 派”的传奇故事。天地人律师事务所主任翟玉华便是此“派”中人。

那无疑是一个百花齐放的时期。1992 年，高西庆争取到合作制试点计划，与何斐、赵燕等人成立了海问；同年，北京市司法局批准了第二批合作制律所试点，当时已有 72 名执业律师的大成名列其中；1993 年 1 月，张学兵等 5 人成立了中伦，在房地产领域打响了名头；也是在 1993 年 1 月，德恒的前身——中国律师事务中心成立，原在司法部担任政治部组宣处处长的王丽带队下海；1993 年年初，王俊峰和另外 5 人一起创办了金杜，如今已是中国国际化程度最高的律师事务所之一……

总而言之，如今法律圈耳熟能详的知名大所，其中很大一部分都能追溯到 1992 年、1993 年。但正如土壤和环境对植物生长所起到的决定性作用，以上所列举的律所，大多都成立于北京——这很好理解，近水楼台先得月，作为政治中心的北京总能在第一时间获悉政策并快速落实，因此自然也是试水革新的最佳选择。

但这并不意味着展开尝试的只有北京，在经济即将腾飞的上海，亦有建纬等一批律所陆续宣告成立。

在经济相对欠发达的地区，“吃螃蟹的”相对而言就不那么多了。当然，任何时候都会有一批勇敢的先行者率先迈开探索的步子，土壤先天不足，就更强调发挥人的主观能动性。如果不是湖南司法系统主动顺应了政策的趋势，选择以特批的方式为翟玉华等人开了一道口子，也许就不会有一家后来影响了整个湖南律师行业的合作制律所，在 1993 年的初春花落湘水之滨。

东风起了，天地人的故事，要开始了。

第三章

办所的尴尬

说起30年前的经历，天地人律师事务所的创始人翟玉华自是感慨万千。

开业那天，翟玉华、佘跃荣，还有另外几位约好一块当“创所元老”的特批律师，在五一中路的粮贸大厦门口放了一挂鞭炮，然后请摄影师帮忙拍了一张合照。

这是1993年的初春，橘子洲头的寒梅还未凋尽，南边省植物园里的2000多株染井吉野已经陆续开花。弥散在整个长沙的春意，让刚出来创所的翟玉华等人心潮澎湃——在孕育新生的春天，他们亲手缔造的律所也呱呱坠地了。

但未来的发展前景，仍然和笼罩在茫茫薄雾里的湘江一样，让人看不分明。或者说，翟玉华这帮虎头虎脑的“年轻人”，还没意识到即将迎来多少难题。

如果说20世纪80年代是现代中国律师行业的萌芽，那么90年代则是中国律所走向市场化的起点。邓小平“南方谈话”以及党的十四大后，市场经济正式确立，大批政府机构、科研院所的知识分子受时代机遇感召，纷纷“下海”创业，由此诞生了一大批知名企业家，即所谓中国工商界的“92派”。

而在这一年成立的律所，也被律师业称为“92派”律所。1992年夏天，湖南省也落实司法部精神，发布律师特批办法。翟玉华虽然也赶早申请了特批，并向湖南省司法厅提交了办所申请，但审批程序走一趟，待正式拿到批文，也已经是1993年。

据统计，到1993年6月，全国律师事务所已发展到4176家，其中合作制律师事务所达200多家。[①] 天地人，成了这1/200。

这还只是个开始。如果说1992年之前中国律师业的重点是恢复和重建，以1992年为分界线，中国律师业的重点转向发展和开拓。从法律顾问处，到国资所，到合作所，再到合伙所、个人所，变化的不只有名称，还有趋势和人心。

所名之争：是“工贸”还是“天地人”

“人，得自个儿成全自个儿。”电影《霸王别姬》中，戏班老班主对徒弟们说出了这个人生的道理。剧中尚处幼年的程蝶衣听了之后大受震动，从此一心刻苦学戏，终于成就了自己的京剧人生。幼年的天地人在成长中自我寻找，自我成全，终究长成一棵参天大树。

1993年2月，翟玉华等人向湖南省司法厅提交了创建律所的报告。律所名字怎么定？这是一个可大可小的问题。

讨论过程让翟玉华第一次意识到了理念不同的影响。大家七嘴八舌提了好些个方案。起初，也有人提出“天地人”，觉得简约、有范，又有“天时、地利、人和俱备”的意思。但其他多数人觉得这个想法“太书卷气”，认为这名字既不显山，也不露水，怎么拉得来案子？

确实，当时行业里律所发展的主流理念更偏向于“下海经商”，同一时期湖南其他律所的名字大多依循这一思路——要么取名“第一”“第二”，要么着眼“经济”“贸易”。大家合计合计，最后统一意见，敲定了“工贸”

① 张耕主编：《中国律师制度发展的里程碑——〈中华人民共和国律师法〉立法过程回顾》，法律出版社1997年版。

二字，意思自然是瞄准工商贸易。

“所名”之争并未持续很久，却体现了几位创始人在律所建设理念方面的分歧，为后来一些变化、动荡埋下伏笔。

现在沿用的所名“天地人”取自“天行健，君子以自强不息；地势坤，君子以厚德载物；人同和，利涉大川。”庄子曾云：天地人和，礼之用，和为贵，王之道，斯之美。这正是天地人律师所追求的天地人和的精神境界。

开业了，在厕所门前

1993年3月5日，作为湖南最早的省属合作制律所，“工贸律师事务所”正式开张。

工贸的办公室租在五一路旁边的长沙粮贸大厦，只有16平方米，小到只堪放得下四张桌子，桌上又总是堆满卷宗，本就不大的空间更加显得拥挤。

那时候的长沙，没有什么办公楼，大多是独立商铺。事实上，粮贸大厦已是当时长沙乃至于湖南最高、综合硬件最好、最具标志性的办公楼，不少知名公司都选择在此落足、充当门面，翟玉华等人费了好些力气才签下这处办公室。

唯一不好的是，出了办公室门，就是那层楼的厕所，每到夏天，臭气熏天，聘请的清洁工费尽心思加强通风也没辙，往来“净手”的人们也总会经过这家“新鲜”的律所，看到里头两三名律师在堆积如山的文件案卷里伏案苦干。

即便是这样“艰苦”的条件，敲定的过程也并不顺利：租办公室就要分摊费用，粮贸大厦也不是完全没有比厕所边上更好的房间，但有人不愿意多掏钱，定不下来，最后只能妥协在厕所门前——后来没到一年，大家还是搬了家。

从律所形象的角度来说，靠着厕所实在不是什么好事，律师毕竟还是门吃“手艺”的活计，那就是让专业来说话——君合律师事务所的创始人肖微在回忆君合的创办历程时，也提到过借钱付房租、东拼西凑来的家具和办公用具，以及费尽心思开拓业务的故事，从这点上看，这些“上了岁数”却又“风华正茂”的老牌律所倒是非常相似。

新生的事物总是最有劲头，那时工贸毕竟才刚刚创所，即便条件有限，但大家或多或少是背负压力或动力出来的，也因此一个个都铆足了劲，准备在新的“战场”上闯出一片天地。

天将降大任于斯人也，必先苦其心志。即便翟玉华此前有很多实践工作经历，但在律师行业，也不过是个刚到长沙创业的新人——办过一些案子，却没有足够的资源、人脉，只有“一腔热血”的理想和“勇往直前”的冲劲。从零起步，这是最难的，磨得不仅是体力，还有意志——意志恰恰是翟玉华最不缺的东西，更别提在执业不久的1995年，他实现了求学时的夙愿：拿到了父亲那份迟来的无罪判决书。

彼时，正处在经济复苏的时代，律所的“生意”很好，很多人踌躇满志地“下海”经商，但因为大多法律意识淡薄，屡遇纠纷，比如私下承揽生意的机电工人操作不当闹出了人命，抑或是两家相邻的商铺争门口那一平半摊位而打得头破血流——虽然都还没什么找律师的意识，但只要偶然打开了一次市场，口耳相传之下也能带来不少案源。

问题仅仅在于怎么打开最初的口子。

佘跃荣因为在长沙的根基相对更深厚，多少也带了点案源进来，翟玉华专业实力过硬，骨子里又是个坚韧不服输的性格，只要有了机会，基本也都能抓住——在当时相对还一穷二白的市场上，工贸逐渐赢下了一些口碑。

经历第一次“大考”

不过，发展初期也不全是好消息。前文已经提到，工贸开业时没能凑到原定的人员班底——搭上中途“上车”的杨松才，才勉强把律所办了起来。但这种临时性也使律所的“创始人们”彼此间并不知根知底，处理和应付律所事务时自然也难以做到“力往一处使”。

省高级法院里和翟玉华一块拿到特批律师资格的还有4个人，但都因为各种原因错过了这一窗口期。没办法，后来只能临时“拉人头”。

怎么回事呢？

另外几个和翟玉华一块办所的人，一位是之后选择留在天心集团法律处的娄雅杰；一位是北京大学研究生张兴盛，考虑再三后还是去了上海证券交易所发展；一位是省地矿局（地勘局）政策法规处的主任范荣华，因为辞不了职作罢；还有一位则是全国闻名的杨金柱。

还有一位，自然是刚结识不久、当时供职于天心集团法律处的佘跃荣。如此一来，开业合影里的6个人算是凑齐了。

但天不遂人愿，因为娄雅杰、张兴盛、范荣华后来都因为种种原因来不了，所里只有翟玉华、佘跃荣、杨金柱3个人，开业半年，杨金柱听说当时的湖南财经学院法律系打算组建律师事务所，加上发展理念上也有分歧，因此不久便选择离开。到1994年，加上进来“补位”的杨松才，所里也就翟玉华、佘跃荣、杨松才3个合作人，人员进进出出，但好歹逐渐稳定了些。

对天地人来讲，成长当然不是一路坦途。天地人，骨干律师“出走”，让它重挫负伤。天地人，曾偏离了主航道，迷失了正确的方向。每一次“出走”和迷失，都是代价，更是磨炼和重生。

“那个时候还没有合伙人的概念，想要找到一起合作的人开律所，真的太难了。”当然，要是人头都凑不齐，这个律所自然也就“得撤销了”。

没想到，刚开业合作人就走得七零八落，一盆凉水兜头朝翟玉华泼来，“当时瞬间有些蒙了，一时之间甚至有些心灰意冷”。翟玉华说。不过，他也表示了理解，“律所的发展遭遇了瓶颈，可合作人也要生存”。这次打击对翟玉华影响非常大，也再次坚定了他引领律所走规模化综合大所这一发展路径的决心。之后，经过翟玉华大刀阔斧的及时调整，天地人律师事务所迅速从危机中走了出来。

发展初期，出现人事问题也不难理解，每个人的成长环境、教育背景、工作经历不完全相同，所追求的价值、思考问题的角度、为人处事的方式等也不尽相同。创所初期有创所初期的共同诉求，但随着这个阶段成为过去，随着市场中新机遇的出现，大家的想法和需求点总会发生些新变化。这个时候，律所难免会出现分歧。

“每个人个性不同，屁股坐的位置不一样，想的问题、价值追求也不一样，甚至所里想花钱买张好点的桌子也统一不了意见。”本来翟玉华希望做一家有责任心的律所，希望律所能聚力同心，朝着正确的方向发展，但大家各有“私心”，力不能往一块儿使，让人难免有些失望与无奈。当时的情况，翟玉华也不是不能预料到。新时代下的“冒险”，不是人人都敢担下这份风险。再者，人员流动在现如今的律师行业看来也再正常不过。正因如此，能坚定地相信并留下来的，才显得难能可贵。

“那时候很多人都离开，我说你们可以走，但是我不走，所是我的家。”佘跃荣很认同翟玉华的想法，自然也是默默站在他这边。

值得一提的是，即便在刚满足温饱的初期，工贸也只定了一个偏低的提成比例——50%。剩下的钱，则留在所里做发展基金，以备不时之需。

在那个年代，生存是第一要务，大家都先想着解决自己吃饱饭的问题，律所的发展问题与我何干，大不了净身出户再换一家。像工贸这样考虑并设立“公共基金池”的律所寥寥无几。

翟玉华他们的想法就更长远些：要想把律师做成事业，平台不可或缺。想把平台做好，基础设施不能没有，需要所内律师集资集智，发展基金能给律所构建一道基础“防护”，让工贸在后续的人才培养、律所拓展上都有保障——当然，这样的超前理念自然给所里带来了不少分歧和动荡，但好歹律所也算是能够稳步发展，每年都能有所进步。

议而难决的管理

律师事务所的治理结构并没有因为自治而变得科学与合理，突出地表现在以下方面：合伙人产权结构不够合理、决策效率偏低、易议而难决或议而不决、议事机制设立与运营不完善不科学、合伙人缺少退出机制安排、律所缺少战略规划与推动。而且，由此衍生出了一系列矛盾与争端，令人唏嘘。

有了一定发展，工贸在长沙站稳了脚跟，但再往上，就难了：一群没有经历太多磨合就拼在一块匆匆开始办所的年轻人，光有创业的热情，没有相互认同的统一理念，没有科学合理的制度体系，时间长了总会出点问题。

合作制下的天地人，各合作人之间地位平等，因而所内大小事务均需合作人一致同意方可执行。那时，所内还没有独立的会议室，每逢一些重要事项，几位合作人总是凑在工位上商讨决定。随着所内律师的增多，翟玉华深感设立公共会议区域的必要，便希望在原有办公室的基础上单独开辟一间会议室，并购置配套桌椅。但意料之外的是，单单购置桌椅的决定就耗费了数月时间，最终因无法达成一致意见而不了了之。

还有一次，翟玉华眼见事务所的业务渐渐有了起色后，想要规范所内法律文书的印刷格式和质量，为此需要重新购置一批印刷设备及耗材。这一想法一经提出，又遭到部分合作人的反对。

小到法律文书用什么格式、购买什么办公用品，大到洽谈合作项目、案源分配，合作人之间都会吵得不可开交。那时逐渐开放的市场体制下，相比责任、正义，更注重短期利益的人不在少数。

这直接影响了所里的决策效率。律所开业时翟玉华等人找其他机构借鉴拟订了一份事务所章程，但具体的利益分配方法还没定。开业前大家商量好了所里留一部分，个人提一部分，结果等分配协议拟好了，有的人又觉得所里啥帮助没有，还不如把钱全部提走，不同意。结果并不复杂的一项利益分配协议迟迟定不下来，一讨论就是三四个月。

又有一回，所里一位律师经人介绍，有机会拿下一个数额可观的大项目，但对方单位希望所里能多来几个人，一方面交流交流，另一方面也确认一下律所的实力。所里有人听后，通情达理，很爽快就答应了，但也有人私下觉得“这是你的事情，我去了也不会有一分钱收益”，便以开庭、约了会见为由推脱——拖了好阵子都没“凑齐人”，项目最终也是不了了之。

此外，一些琐碎的小事儿其消磨人。律所时常需要打印、复印法律文书，有的人不愿和所里一块出钱，就把法律文书统统锁进自己的柜子里，不让其他人用；还有人托关系把亲朋招来所里做内勤，结果素质不过关和其他人矛盾重重。这些乱象影响了所里其他好好干活的律师，进而又导致了氛围的恶化——人才进不来、留不住。到 1996 年，工贸仍然只有十几名成员。

而对于有兴趣做管理的那些成员，所里堪称“一盘散沙”的局面也消解了他们大部分的热情——刚开始乐于积极发言提建议的人，后来也都转当了“老好人”，所里有些打不开局面。实际上，颇具前瞻性的“发展基金”也是费了一番口舌与周折才勉强通过，个中的盘盘绕绕让提出这一主张的翟玉华颇感心累：一项制度都这么难通过，再想大张旗鼓对律所进行改造，岂不是得伤筋动骨，当场解散？

事实上，在律师制度恢复初期的时代背景下，价值理念是否相合是合作制律所共同面临的问题——这很大程度影响律所内部的决策效率和整体凝聚力。

决策效率方面，合作人价值理念如果存在分歧，决策就很难高效。合作制下，事务所资产由集体所有，各合作人平分资产并享有一票否决权，是以所内大小事务，均需由各合作人表决一致方可决定。也因此，如果合作人之间对于事务所的建设方向存在哪怕只是很小的分歧，也会使许多想法无法实现，进而直接影响到决策落地的效率。

凝聚力方面，一旦合作人之间发现各自想法不一，并经历过几轮决策失败后，轻则人心涣散，有劲难往一处使，重则合作人横生去意，律所分崩离析。改革开放激发了国民投身市场经济建设的热情，这种热情在社会各行各业中不断发酵、转变为人们追求财富的动力，却也使律师行业陷入了追求财富与秉持公平正义信念之间的先天矛盾。面对案源，大部分律所内部都存在两个“派别”：一个是“财富至上”主义，案源不论好坏照单全收；另一个则在市场化大潮中秉持原则，有选择地承接业务。这或许是当时多数律所缺乏凝聚力的一大原因。

工贸同样经历了以上问题。创所时，工贸就经历了合作人的波折，为了满足创所的硬性条件，翟玉华和佘跃荣不得不再次网罗人才，同时也为日后价值观上的分歧埋下了伏笔。

因固有的制度缺陷带来的决策效率问题，加之价值观难以统一，几乎使天地人刚出生便面临夭折的危险，发展陷入僵局。如此一来，事务所既无法改善内部的办公环境与服务质量，又未能适时处理律师的执业需求与不满，导致人心向背、律师之间难以形成凝聚力，进而带来事务所专业水平提升难、人才吸引力薄弱、高质量案源少的恶性循环。

律所开业没到两年，翟玉华已经渐渐觉得有些心力交瘁——这和自己追求公平正义的初衷不是完全反着来了吗？实际上，从历史的视角来看，工贸此时遇到的管理决策问题，也是国内同时期成立的大多数律所碰到的问题——在缺乏理念磨合和制度探讨的情况下匆忙开业，结果碰上各种各样的困难。不过，比起一些半路分裂或直接解散的律所，工贸在人员接连流失的过程中也逐渐使剩下这批想做事情的人的思想逐步趋同，保留了一线重整旗鼓的希望。

知我者谓我心忧，不知我者谓我何求

很快，冬天来了。地理上偏南的星城并没有撞见“银装素裹”的美妙景象。每天清早，凝了一夜的寒露都会散成一大片雾霭，沉沉地压在江面上，让人难窥究竟。

那阵子，翟玉华时常独自到湘江边上漫步——既是出于对求学时晨练的一贯坚持，亦是为消解内心迷茫而做的无意识之举。在一个个北风呼号的早晨，他逐渐意识到，所里的人心不稳，并不只源于大家的观念气场不合，而是更高维度的原因——工贸没有建立起一项从个体出发、着眼个体实现的科学制度体系，并以此将成员们团结起来。换言之，没有“以人为本”的制度，就难以让大家对律所本身产生真正的认同。

一个律师事务所要壮大、发展，事务所的“向心力”是一种必不可少的“润滑剂”，事务所只有拥有“向心力”这个“润滑剂”，才能调剂律师间的感情、化解律师间的矛盾，使全体律师在求大同、存小异的前提下抱成一团、同舟共济，为事务所的壮大发展共同奋斗。而这对于以“人合”为主要特征的合伙体来说就显得更为重要，它关系的不仅是事务所的发展问题，甚至关系到事务所的生死存亡的大事，因此，也为有识的律师和事务所管理者所认同和看重。但是，对这一关系到事务所生存、发展的问题，在律师事务所管理现实中却出现向心力日益弱化，律师间的隐含矛盾日益凸显的危机。这同样成为困扰律师事务所管理者的一个事务所内部管理的“困局”。

从宏观的角度讲，应当可以说是律师事务所的一种“通病”。而对这些“通病”，有些律师事务所管理者将其归结为律师素质的低下，甚至是“律师灵魂的迷失”。实际上，律师事务所内部管理存在的种种弊端不仅是作为事务所管理者所关心和不愿看到的，对于广大的律师来说，他们同样也是关心和不希望这种现象存在的，只不过是长期身处在这样的环境氛围中，又无法寻找解决“困局”良方，结果也只能是心怀焦虑而无能为力，并久而久之连自己也身陷迷局，区别只不过是有的心忧，有的麻木而已。

在律所的初创期，既是关键时期，也是危险期。合伙人个人发展和律所的整体发展产生矛盾，长期经营行为（如是否购买办公用房）产生分歧，合伙人进入是否实行开放式产生矛盾。工贸的创始合伙人中有两种倾向：一种只注重个人利益，轻视整体利益，只注重眼前利益，轻视长远利益，要求将利润吃净分光，不预留持续发展资金，分配制度倾向于要求经济利益与个人收入直接相挂钩；另一种倾向则相反。翟玉华鲜明地反对吃净分光的分配制度。在分配制度、成本分摊上的这两种倾向是对立的，不可调和。对“创一流律所、干一辈子事业”的信念动摇让翟玉华如芒在背、惴惴不安，办公室的捉襟见肘倒是其次，首要的问题是解决理念和价值观的问题。

此时，翟玉华还没有具体的解决构想，但在他和所内其他成员越来越多地主动交流里，大家相互间逐渐深入的了解认同使核心人员暂时有所稳定。工贸有了做改变的基本盘。

1819 年，诗人雪莱漫步在佛罗伦萨阿诺河畔的一片树林，雨在日落时分磅礴而下，裹挟着冰雹和阿尔卑斯山南所特有的气势宏伟的电闪雷鸣。联想到彼时正如火如荼的工人革命运动，雪莱提笔写下了著名的五节十四行诗《西风颂》。

当然，大多数人如今只会时常援引其最后两句：“如果冬天来了，春天还会远吗?”

但正如黎明的至暗不过是长夜的回光返照，步入谷底的人也即将迎来又一次的攀爬登高。仍彷徨在迷雾里的工贸，正等待一束足够穿破雾霭的光，成为那个扫除冬霾的契机。

这个契机，不远了。

第四章

改制，做“国内先锋”

1996 年的深秋，北去的湘江迎来了层林尽染的最好时节。走在五一路上，来往的自行车“叮铃”“叮铃”地躲避过路的行人，远处包子店老板正扯着嗓子卖力地叫卖，身旁买东西的老妇与店家争得面红耳赤，在繁忙日常的映衬下，偌大的长沙城少了几分萧瑟。但翟玉华却只是自顾自地走着，脑海里再次浮现刚刚在事务所里发生的争吵。

律师和律所的基本利益并不完全一致。律师希望所在律所提成比例高一些，硬件好一些，后勤服务细致、周到一些；律所希望律师创收高一些，提成低一些，后勤成本低一些。律所收入完全来自律师，律所希望马儿跑得快，又希望马儿不吃草或少吃草。律所经营要开源节流，一方面鼓励律师创收，另一方面要控制成本。利益不相一致，就会发生一些小冲突。

早上，所里的刘律师正要继续写前一天没完成的法律意见书，却发现怎么都找不到放在桌子上的钢笔。半晌过去，猛地向旁边一瞥，发现隔壁的张律师正埋头奋笔疾书，手上握着的恰恰是他那支失踪的钢笔，一股热血瞬间直冲脑门，夺过钢笔就开始嚷嚷起来：

“你用别人东西不能说一声吗？不知道讲礼貌吗？”

“我只是一时找不到笔，用一下就还你，至于这么凶吗？”这位张律师眼见对方来势汹汹，也来了脾气，张嘴便是一句问候。

“你还发上火了？你说说这都几次了，你拿了别人还怎么用？”看起来刘律师并不打算善罢甘休。

两人越吵越凶，眼看这矛盾就要升级为一场暴力，翟玉华心情有些烦闷，趁着当下无事便出来透透气。

这样的类似情境，翟玉华已经不记得发生过几次了。其实，解决这种事情的办法很简单，只要律所拿出一部分资金设一个公共办公箱，为律师们提供纸、笔等基本的办公用品，这些鸡毛蒜皮的小事便都可以避免。可是，此时的工贸，就算知道最佳解决方案在哪，离执行却仍差个十万八千里。

几十平方米大的律所，竟像个农贸市场一般，律师们各卖各的“菜”，各收各的钱。律所怎样发展，从来都是与他们无关的问题。

工贸的症结到底在哪？工贸的下一步该怎么办？

工贸进一步发展，律师队伍进一步扩大，各项管理制度更加完善，社会知名度不断提高。但是，随着律师个体业务能力和素质的提高，他们参与管理的愿望更加强烈，导致合伙人与非合伙律师之间权力的重新调整。创始合伙人理念不一致导致决策效率低下，为了打破僵局，迎合律所非合伙人的管理愿望，吸纳新鲜血液进入合伙人队伍，股东才会对工贸有归属感。翟玉华主任苦思冥想，认为启动股份制改革的时机成熟了。是时候改变合伙人一人一票的决策方式了，少数服从多数，反之不能集中力量办大事，解决目前各种问题的出路，必须先破后立。翟玉华的脸上又露出了久违的笑容，他像一个沉稳的舵手，在惊涛骇浪中指挥工贸这艘大盘远航。

1996 年，量已经积累够了，终于到了“穷则思变”的时候。

股份制的提起

改革开放后，国内经济建设的全面回归带动了中国律师制度的建设与发展。到 1996 年，《律师法》经八届全国人大常委会第 19 次会议审议通过，“国资”“合作”“合伙”三种形式的律师事务所并存的格局得到法律确认。

大批律师事务所涌现，法律市场探索热情逐渐高涨。

1997 年，中国具有本科、硕士、博士学历的律师已有 32,913 人。就律所的主要组织形式来看，1996 年以前合作制与国办制仍然是中国大部分省市律所的主要组织形态。

此时的湖南，也跟随改革的步伐，在 1979 年国办所的基础上，建立了合作制和合伙制的律师事务所，逐步实现律师队伍市场化的转变。工贸就是很典型的合作制律所。

春江水暖，律师事务所发展的机遇已经来临，但是在多种体制并存的环境中，怎样的律师事务所才能满足社会主义市场经济的需要？怎样才能激发律师的积极性与创造性？怎样才能提高管理组织效率？

显然，1996 年的工贸不是翟玉华想要的答案。

尽管经过 3 年的发展，所内已有十几号人，但是律所的主营业务是什么、案源在哪里、未来如何发展……一切都还是个未知数。这年，三个合作人之一的杨松才也因为看不到出路，将主要精力放在了湖南财经大学的教职工作方面。由于没有合作人身份，其他律师觉得自己只是“打工仔”，律所又不发工资又不能在案源上提供啥帮助，缺乏努力向上的积极性。

更有压力的是，无论是湖南省内，还是放大到全国范围，一批律所正随着经济发展快速崛起——工贸不是没有发展，但对比起来，就显得过于温暾水。

自己费尽周折从法院出来，为的就是苦心经营的律所屈居人后？从准备到创所，几年来翟玉华遇到的困难与阻力不计其数，眼见着就要迎来“压死骆驼的最后一根稻草”。所幸，一件小事成为打破陈腐格局的突破口。

某天下午，刚刚开完合作人会议的翟玉华如常坐在自己的办公桌前，尽管手头刚接到一起案子，但他只是坐着，回想起刚刚会议上的表决，不出所料又没有达成一致意见。正在这时，有人走到翟玉华面前，弹指敲了敲桌子，显然是有话要说。

来者名叫盘军，1994 年年底来到天地人，此前他是中南政法学院（现中南财经政法大学）的研究生，毕业后曾任职于永州市中级人民法院。来到律所后，盘军倒也勤快，先后代理了几起商业纠纷；在律所最近几次的合作人会议上，他的观点都很有见地。对此，翟玉华是颇为欣赏的。

“翟主任，您为律所做的大家都看在眼里。但这些年来律所什么样您也清楚，一些好点子就因为一两个人不同意就要放弃，这么下去不是办法。”盘军开门见山。

翟玉华微微一怔，没想到盘军会如此直接提到这个发展难题。或许，厌恶决策效率问题、关心律所发展的律师大有人在。想到这里，翟玉华心头一暖，反问道：“你有什么好办法吗？”

“我们或许可以借鉴企业管理架构中的股份制概念，在合作制的基础上改革创新，实行股份制，少数服从多数！”盘军说道。看得出来，这个办法他也思虑了很久。

翟玉华眼前一亮，也来了兴趣：“可以一试，你能不能拿出一份更详细的制度模型，我们后续也好讨论讨论可行性？”

有之前办案经验的积累，盘军对公司的组织架构、管理机制有充分的理解。改革开放后国内公司建设一派生机，也让盘军看到了在律所实行股份制的可能。“没问题！”他一口应承下来。没几天，庞军起草了一份简要文本。

翟玉华预感，或许困扰工贸已久的决策效率、团队凝聚力问题即将得到解决。事实也证明，这份尚显粗陋的草案成为重要转折点，在随后数十年天地人的飞速发展中起到了至关重要的作用。在翟玉华、佘跃荣支持下，盘军及其他合作人继续细化、逐步调整完善并形成了股份制改革的实施方案。

改制的大幕，拉开了

1996 年《律师法》出台后，尽管在改革前沿地区合伙制已为部分律所接受，但在大部分城市中合作制仍然为律师事务所主流的管理组织形式。在这种制度下，各合作人共同出资，依照一定的章程、协议从事律师执业活动，事务所财产由合作人共有，具有明显的集体性质，各合作人以其拥有的财产对事务所债务承担有限责任。① 股份合作制则在合作制的基础上借鉴了股份制企业中资本联合的做法，将事务所的资产视为人力资产与物力资产的联合，并划分为等额股份。在分配关系上，股份制采用分红与按劳分配相结合的办法。②

客观上，无论对于哪一家律所而言，改革总是伴随“阵痛期”，比如君合的“实验田”改革、中伦的一体化机制改革，其过程中均出现了不同程度的人才外流。挺过去，律所便会迎来跨越式的发展。而与成功经验对比的，则是更多的律所因改革失败而错过发展黄金阶段，从此再难突出重围，落于平庸。

英国教育家赫胥黎曾经说过，“人生的终极目的不是获取知识，而是付诸实践”。一步行动比一打纲领更重要，一次向前迈出的步伐胜过一万次下定决心。天地人拥有了行动纲领，只能向前迈进，用行动创造不平凡的未来。

面对改制的高风险，股份制改革或许是解决天地人核心问题的一剂良药，却仍然存在不小的“副作用”。现在来看，当时的天地人主要面临三个困难：

其一，创所不久，所内制度尚不完善，缺乏股份制改革的制度基础；

其二，尽管律所已聚集了一批专业人才，但彼此价值观念不一，改制很有可能导致大量人才流失；

其三，股份制于律师事务所而言仍然是一个新概念，国内鲜有探索经验，改制最终能够实现怎样的效果也是个未知数。

但高风险同样伴随高收益，翟玉华有自己的盘算。经过 3 年的积累，靠着翟玉华等人的影响力，至改革前，工贸已拥有 20 余人规模——由于翟玉华当时正作为讲师帮助省律协培训律师，因此许多体制内的高素质人才都知道他这号人物，其中不少便在跳出体制时慕名而来。这些新人理念先进、见识

---

① 参见王晓华：《关于股份合作制律师所的思考》，载《中国司法》2000 年 8 月刊。

② 参见陈建国：《关于律师事务所引入股份合作制的探讨》，载《改革与开放》1998 年第 8 期。

也比较广，大多希望事务所能够朝向更高效、更专业的方向发展，这就使天地人具备了改革的群众基础和人才资源。同时，这次改制在翟玉华看来也是统一所内律师价值观念、增强凝聚力的重要一步。“筛掉貌合神离的律师，留下志同道合的同伴。”

在翟玉华、余跃荣等创所元老的支持下，盘军“主刀”，股份制草案拉开了股份制改革的大幕。到1996年年底，天地人完成了改革的基本制度构建。

整体而言，新制度重点解决积重已久的决策效率低下、律师凝聚力不高的问题。首先，原合作人改为控股股东，将律所资产划分为等额股份，在保证合作人占有过半数股份的前提下，吸纳律师认购所内资产。其中，合作人占有律所51%的资产份额，律师则为49%。其次，遵照同股同权、少数服从多数的原则，细化表决方式，并针对不同类型的事务制定了具体的表决规则，形成梯级表决机制。比如，律所一般性事务采用过半数通过的表决方式，重大事项则为2/3多数表决通过。

吸纳律师入股，真正地将律师的个人利益与律所的集体利益联系起来，充分激发了律师参与律所事务的积极性。而“少数服从多数”的表决方式也改变了过去合作人“一票否决”对决策效率的阻碍，避免了因个人利益、好恶而发生的“恶意否决”，使每位参与者都得以站在律所的立场上，更全面地思考问题。

当然，新事物出台，不可能指望每个人都认同它。制度敲定后，翟玉华等人带头参与，秉持鼓励但不强求的原则，最终，所里大概70%的人选择成为合作人，剩余30%的人则继续做普通律师。

由于当年国内律所的组织形式仅有国办制、合作制、合伙制三种形式，并没有实行股份制的先例，此次改制除了内部形成决议外，还需要获得正式的官方认可。

于是，在完成基本的制度构建后，翟玉华等人便将这份方案提交给省司法厅，请示改制，省司法厅后来又上报给司法部。司法部、湖南省司法厅有关领导得知翟玉华改制的决定，认为可以以工贸为试验基地，在合作制的基础上探索股份制改革，便批文通过——这也使工贸成为湖南第一家实行内部股份制改革的合作制律师事务所。工贸，或者说未来的天地人，至此正式迈出了发展过程中最为关键的第一步。

后来，到2000年左右，业内掀起了一阵关于律所管理机制的学术讨论，“股份合作制”更为全国不少律所效仿。

严格来讲，工贸的制度创新并不是最早。在工贸之前，律师行业中已经有了一些制度上的创新、尝试。比如，金杜就在成立后不久便借鉴国外律所的运作理念，率先引入了类公司化的管理模式，这也与其国际化的发展战略相贴合。工贸虽然做法上和金杜等所有区别，但总体思路的本质都是“借力”，并根据自身发展需要来确定具体向谁借力。后来的律师行业中，当出现一个热门概念如“一体化”时，往往会有许多律所盲目追捧，一窝蜂地涌上去，结果自然大多以惨淡收场。如果仔细剖析一众老牌律所的发展史，就会发现“找到最适合自己的模式”虽然难，但却非常必要。

更名，“天地人”

天、地、人三者的关系问题，古往今来都为人们所关注，三者到底谁最重要也就成了人们议论的话题。荀子曾经从农业生产的角度论述过天时、地利、人和的问题，表达了“农夫朴力而寡能，则上不失天时，下不失地利，中得人和而百事不废”的观点。但他并没有区分谁重要谁不重要，而是三者并重，缺一不可。孟子则主要是从军事方面来分析论述天时、地利、人和之间关系的，而且观点鲜明——三者之中，“人和”是最重要的，是起决定作用的因素，“地利”次之，“天时”再次之。

1997年，司法部要求全国律师事务所进行名称规范，重名、不合要求的律师事务所的名字都要更改。这也使“工贸律师事务所”不再符合国家要求，更名迫在眉睫。翟玉华、佘跃荣等人商讨了很久，往上报了5个名字，第一个就是“天地人”。

最终，“天地人”获得司法部审批，“工贸律师事务所”正式更名“天地人律师事务所”。

不过，“天时、地利、人和”，只是天地人最浅层的含义。

天地人一共包含了四重含义，也代表了翟玉华和佘跃荣两位创始合作人对天地人的四种情感和祝愿：

当时决定采用“天地人”这个名称还有更深层次的考虑。

第一，“天地人”意境开阔，气势宏大，有立人立业之意。这寓示所内同人要站得高、看得远，有大胸怀、大境界，目光远大、胸襟开阔，大气、磅礴。

第二，“天”，天时，有观天时、顺大势之意。这寓示所内同人凡事要观大势，世界、国家发展大势，社会发展大势，顺势而为，与时俱进。

第三，“地”，地势、地形、地利，有顺势求变之意。这寓示所内同人要顺应社会发展的需要，要顺应客户的需要，改进服务内容、服务方式，能提供具有竞争力的服务。

第四，“人”，人和，和谐，有追求公平正义、天下太平之意。这寓示所内同人要有仁心、爱心，追求公平，维护正义，实现社会和谐，百姓安宁，秩序井然，天下太平。

“天地人”，短短三字蕴含了于个人、于律所、于行业、于发展的四层意思，无形间也成为所有天地人律师共同奋斗的目标。

虽然换了名字，但几年奋斗下来，翟玉华等人的名声已经在长沙逐渐传开，律所业务类型也随之丰富起来。首先自然是刑事诉讼业务。律师行业内普遍认为，诉讼是最能体现律师个人能力和经验的业务领域之一，也是最难被标准化的服务。但对于翟玉华和佘跃荣来说，诉讼是天地人起家的本事。翟玉华、佘跃荣都是法院系统出身，有裁案断案的经验，做这块自然也是信手拈来，无论是执业前期翟玉华为父翻案成功，还是后来各种令人称道的改判无罪案例，在诉讼这一块，天地人从创建初始便打下了基础。

刑事诉讼成了天地人稳固“江山”的地基，而其他各类业务也随着新人才的涌入渐渐被开拓起来，有了相对稳定的收入来源，天地人在长沙站稳了脚跟，步入快速发展期。

“你为什么把烟蒂扔进垃圾桶”

回到 1997 年，天地人已经完成了股份制的制度构建，而到正式开始施行的时候却又遇到了难事。制度设计用意是好的，可是律所进行股份制改革在国内可是头一遭。一来没有成功的先例可供借鉴，没法“摸着石头过河”，只能自个趟过去；二来依照往年律所的业绩，入股能不能赚到钱还是个问题。一来二去，对于掏钱买股份这件事，大家仍然在犹豫。

对此，翟玉华心知肚明，但好在一开始几位合作人内部就已达成共识，现在只是缺一个表率。索性一不做二不休，翟玉华带头认购了 30% 的股份。“你不拿出点行动来，其他人哪来的底气跟你一块冲？”翟玉华这样解释道。随后又有几位律师也下定了决心，最终所里 70% 的人选择了参与。

当然，改制后也免不了“临阵脱逃”的固执分子，认为制度一变是动了自己的“蛋糕”。翟玉华此时反而看得淡了些：尽管人员流失短期内影响了律所的收入，但筛选掉了价值观与律所发展理念不相合的对象，长远来看，有助于加强所内律师的向心力与凝聚力。最终，前后算下来，包括合作人在内共有近十几名律师参股。

事实上，后来也真如翟玉华预想的，改制第一年天地人便“改头换面”、迎来新生。改掉的是过去律师们消极参与律所内部事务的态度，迎来的是律师们“当家作主”的积极性。这前后不乏一些“有趣”的变化。

比如，改制前曾有律师“贪小便宜”，诸如稿纸、笔一类的公共办公用品，总会“顺手牵羊”地带走一些。而改制后，不少认购股份的律师有了主人翁意识，不再容忍此类行为，反而会“回怼”一句“你怎么拿我的纸”。甚至谁用了扫帚以后上边的灰尘没抖搂干净，也会有人出来“仗义执言”，监督“当事人”乖乖把所里的公共财产清理干净。

再如，一些年纪偏大的律师有抽烟的习惯，虽然当时大家不介意办公室里有人点烟，但对于某些“不拘小节”的事情可就容忍度不那么高了。一回，有位老律师午休时点了根烟，弹烟灰时却不巧发现，办公室里唯一的烟灰缸不知给谁端着去串门了，于是随手把烟灰统统弹进了垃圾桶，烟头也随意抛了进去。另一个律师刚好路过看见，立马就朝老律师摆了脸：“你为什么把烟蒂扔进垃圾桶？垃圾桶烫坏了谁赔？万一着火了怎么办？”老律师挠挠头，赶忙赔了不是，把烟头找了出来。觉醒的“主人翁意识”可见一斑。

此后，无论是不讲卫生、乱丢纸屑，还是顺手牵羊等不规范行为，都有人站出来制止、维护律所的利益。根本上在于，律师们对于律所事务由“事不关己”转变为“事事关己”。

此外，有了明确且统一的立场，律所决策效率大增，用某位律师的话说：“感觉从里到外都不一样了，有些人的步子都肉眼可见地变轻快了。”加入天地人的律师也越来越多，天地人很快又租下了粮贸大厦4楼的300余平方米办公场地。

第一年，回报率100%

管理质效的提升是一方面，在业务层面，“主人翁意识”亦激发了新的活力。

领了股份的合作人开始意识到律所发展和自身利益直接相关，发展得越好，回报就越高，管理起到的是“节流”的效果，要想拿到更多“分红”，就得想办法开源。为此，一些原本有案子就做、没案子“摸鱼”的律师，在成为合作人后也开始努力地四处观察和挖掘机会，但凡发现身边有人需要法律服务，立马推荐天地人。

案源开拓上更加卖力，服务质量也不能含糊，为此，律师们开始更多地主动组织业务钻研讨论、专业能力提升等活动。一次，翟玉华同所里的几个律师在外面吃饭，一位律师突然聊起了自己最近在办的案子，并希望征求其他律师的意见。不想律师们讨论得越来越激烈，远远听过来像是在吵架，不时有路人驻足围观。翟玉华不得不从中调停：“大家先吃饭，先吃饭……”

当然，毕竟是刚刚出炉的新机制，也免不了碰上一些问题。比如，有的律师过于急功近利，什么案子都接，所里审核时才发现当事人自身有问题或者案子有利益冲突；有的没认购股份的律师更加疏远了律所，形成了一些小团体；有些案子需要合作，结果性子慢的律师和性子急的律师合不来，时常动肝火，影响了团结，或是分配没谈好，埋下一些矛盾。但这些都属于插曲，细小的水流一旦汇成浪潮，趋势就无可阻挡了，天地人内部踊跃争先的趋势和氛围已经成形。

在这样的氛围下，天地人的业务量以肉眼可见的速度增长。到 1997 年年底，律师们的投资就实现了 100% 的回报率。

这让律师们尝到了改革带来的甜头，后来者纷纷要求认购股份，但股份是有限的，有些最开始犹犹豫豫的人此时也只好望洋兴叹。不过，由于股份制探索的成功，一些优秀人才也随之慕名而来，希望加入天地人并参股，为了不破坏其他股东的权益，翟玉华便选择优先稀释自己的股份——刚开始，翟玉华认购最多，股份占 30% 以上，有人进来想认购，翟玉华就从自己的份额里匀出几个点，结果没多久就只剩 10% 多一点了。领头人都带头稀释股份，天地人对于人才的吸引力越来越强。到 1998 年，天地人律师数量已经增长到 60 多人。

“传统”的来历

正如很多于20世纪90年代初期诞生的律所一样，天地人在一开始也并没有什么“系统性建设律所文化”的概念。此时，由于规章制度还不怎么完善，所里的“人情味”相对更浓，很多在后期进入天地人的新人看来可能不可想象的画面，倒是非常寻常的事情——当然，并不是指那些与创始人愿景相悖的违法乱纪之事，而是一些生活气息十足的场景。

文化这种东西，不像战略之类，打一开始就有个明确的方向，更多还是在岁月的洗礼和人情的联结下逐渐构筑起来的一种氛围。最开始，谁也不知道她会是什么样子，直到习惯了这种无形的存在，才会倏然发现——哎，我们的文化，好像确实是这么一回事！

1995年10月底，所里迎来了一位新人——陈宇，刚刚大学毕业，主要负责做内勤。“中途有个合伙人出去办所缺人头，拉我过去帮了帮忙，没多久又回来了，此后就一直在天地人待了下来。”可以说，陈宇的职业生涯基本和天地人画了等号——也不仅仅是职业生涯，毕竟后来她和比她早一点进所的刘玉春在长期相处中互相看对了眼，两段同样专注于事业的人生成功并轨，让他们结合成了一对令人艳羡的夫妻档律师。

在陈宇的印象里，天地人一直都是一家很规范的律所。刚开始起步的时候律所规模不大，律所常来的也就是六七个人。可即便如此，不管是律师的业务能力，还是律师的职业操守，都能够经得起市场的检验。自然，这和创始人翟玉华“办一家规范、正派的律所”的理念和价值观息息相关。

比如，做业务时，初级律师和资深的合伙人之间不会有很明显的上下级界限，相处更平等，也更融洽。任何律师都可以随时表达观点，甚至和决策层共同商议决策，彼此没有信息壁垒。

做业务时毫不含糊，但业余生活方面大家也搞得“有声有色”。那时，每天一到中午，大家就凑在一起——不是为了聚餐，而是凑在一起，玩那会长沙流行的一种扑克游戏——“炒地皮”。4个人围坐一桌，两两组队，通过“亮主”“反主”“抄底牌”等配合拿分，最后得分多者胜。

形式是打牌，但是大家从来不赌钱，纯娱乐，参与人员的职级上到律所主任，下到刚进所的实习生，输了就接受惩罚——也不罚钱，就是看你从桌子底下钻过去，大家哄堂一笑，就算揭过，再抓紧时间炒下一轮。以至于这在很长一段时间成了午休时分天地人独有的“保留节目”。

“炒地皮”只需要4个人，为了及时“占坑”，所里的律师吃了饭以后，就赶紧去抢位置，有的人甚至饭都来不及吃，就提前坐在那儿等着，托别人随便给他带点东西填填肚子。看的人也很多，用陈宇的话说是“人山人海”，因为可以看平日里这些衣冠楚楚、仪表堂堂的律师狼狈钻桌，所以围观的人总是比场上玩牌的人更“起劲”。

当然，也有“耍赖”不钻桌的。比如，为人随和、总是笑呵呵的佘跃荣，每次输了就摆摆手：“不钻不钻，今天晚上请你们吃饭！”于是大家下班了又前呼后拥涌进门口的小酒馆，胡吃海喝，好不快活。

可能是由于初期发展不易，“半丝半缕恒念物力维艰”，天地人也很早就养成了互帮互助的氛围。无论是谁家里有任何需要帮助的，所里律师都是义无反顾地全力支持。有的律师刚开始起步，最迫切的是生存问题，律所则会视情况提前预支薪水，以帮助新人律师度过执业初期的困难。

生活上的互帮互助更是比比皆是。有的律师家里面有重大的事，如要结婚、要生子，天地人的律师们也会积极地去给他们提供帮助，解决他们的困难，就像真正的亲朋好友。

如今，虽然这些传统有的形式上已经消亡，但其理念内核却无形中被承袭下来。在天地人，不少团队对于内部的考核制度都偏向于信任大家的自主性和对工作的责任心，“工作来了，大家都是各自处理完成，靠的就是相互之间的这种信任，我们不会规定，比如你9点来的时候打卡，晚上走的时候打卡”，陈宇说。

制度的力量能带领天地人走向更具向心力和凝聚力的未来，而天地人的小传统让律师相知、协同、进步。这奠定了天地人初期的文化基础，也是后来众多律师加入天地人并一直留到现在的原因之一——对于初创期的企业机构而言，刻意“打靶式”构造文化显然不大现实，参考天地人的经验，更可取的做法可能是以当地本土文化为载体、顺应所内大多数群体的自发需求，以此奠定基础和雏形，再在后来的发展过程里不断拓展延伸。

更为难得的是，天地人并未将友善、和谐的氛围局限在所内。对内，这表现为上述各类文化传统，对外，则主要体现在天地人一贯坚持的公益及法律援助——其中早期最具代表性的就是在五一路的“摆摊”。

五一路多了道风景：天地人法律咨询台

根据统计数据，1986 年中国律师人数已有大约 2.1 万。10 年后的 1997 年，这一数字增长到了近 8 万。

尽管当时就已经开始出现关于“律师多了出路在哪”的讨论，但实际上，相较于庞大的争议数和法律服务需求缺口，这点律师显然还不太够用——最直观的表现就是很多企业和民众即便需要法律服务，自己也不知道该从何处获取，对“律师”这个角色更是只知其名不知其能。

对于翟玉华而言，出来办律所的目的就是推动公平正义，如今业务有所起色，光做好自己肯定不够。经历了拓业的艰辛，天地人律师意识到，要想把平台做大，更好地发挥价值，提升专业素养是一方面，提高民众认知则可以是另一方面——用 20 年后的概念解读，就是“培育市场”。

为了当年的初衷，也为了提高律所的知名度，翟玉华提议每周六在长沙市的五一路设点提供免费法律咨询，律师们纷纷积极响应。

五一路自1951年建成起便是长沙主干道之一，[①] 它位于老城区南北干道的主轴线上，沟通东西两侧。到1997年时，五一路已被多次拓宽到了60米，每日来往行人、车辆络绎不绝。而每到星期六白天，无论你是来逛街、吃饭还是散步，路过五一路时总是远远就能望见一块巨型招牌，上面赫然写着“天地人律师事务所”。招牌下边则是几个西装笔挺、皮鞋锃亮的律师正襟危坐，面前却摆放几个牌牌：法律援助，分文不取。

一开始民众没见识过这阵仗，只在一旁远远地看。后来有几个好奇者便走近两步，又害怕对方是骗子，便只停下来站在一旁观望。不一会，有几个人按捺不住好奇，忍不住上前询问。有了第一个，便会有第二个、第三个……

一次，一个愁眉苦脸的矮个子男人走近咨询台，询问值班律师：他是个小商贩，卖了很多年小吃，又找哥哥借了点钱，在长沙勉强买了套房，因为自己在外地所以给哥哥暂住。但后来哥哥结婚，却赖在房里不走了。男人找了好些个律师，要么建议他直接起诉，要么先找他要咨询费再提供帮助，他不太想兄弟阋墙，有些走投无路。值班律师听了，考虑到对方看重兄弟情谊，便提出可以派律师跟他一块上门沟通。沟通过后才发现，弟弟觉得哥哥不理解他的漂泊艰辛，哥哥也觉得自己在给弟弟当免费保安，因为两边都嘴笨，加上哥哥成家后媳妇一直腹诽，这个误会就越陷越深——差点没打上法庭。好在最后误会解除，兄弟俩对律师非常感激，在人前对天地人赞不绝口。

还有一回，值班律师正给某个纠结遗产问题的大爷出谋划策，一位散着头发的年轻女性忽然“咚”地往旁边一坐，“啪嗒”“啪嗒”就开始掉眼泪。值班律师赶忙让同事倒了杯温水递过去，回头又坐在当事人身边温声细语地询问情况：一问才知道是婚姻中受了委屈。天地人律师于是从她的角度出发，一方面耐心安抚她的情绪，另一方面又不时旁敲侧击帮她分析问题的关键。当事人的情绪渐渐纾解，碰巧对方爱人也一路找了过来，结果当场和好，皆

① 周云武：《长沙五一路变迁史：丈量过去 拥抱未来》，载华声在线，https：//hunan. voc. com. cn/article/201702/201702200812222321. html。

大欢喜——后来，知晓了前因后果的这对夫妇还多次来所里表示感谢，屡屡向身边人推荐："天地人律师，热心又靠谱！"

慢慢地，长沙人都知道了五一路有一家叫作天地人的律师事务所，每个星期六都会为大家提供免费的法律咨询，且给的意见都很接地气，能操作。很快，大家口口相传："如果你的家人受了欺压、遭了冤枉、遇到了法律问题，找天地人看看吧！"

20余年后，律师行业中对于公益、法援的提倡已然越来越多，但许多律师对其的认知仍主要停留在社会效益层面，而忽略了从事公益法援对律所品牌建设和内部凝聚力、组织力打造的贡献。当然，天地人也是在长期探索中才逐渐摸索出了公益、法援的多方面价值，但对于律师行业的后来者而言，这点仍足资借鉴。

合伙人加盟，羽翼渐丰

2002年，执业第11年的唐学锋加入了天地人。此前，她曾执业于长沙当地的一家国资律师事务所①并担任主任8年之久。到2000年前后，律师职业的市场化趋势已十分明显。大潮涌动下，唐学锋决定辞去主任职务，加入湖南当时的通程律师集团。但由于对律所发展理念的分歧，唐学锋不久后便再次离开，又踏上了新的征途。

"以专业技能解决法律问题，是律师应当秉持的专业精神。平台、品牌建设的核心应当是专业，而非为了'品牌'而品牌。"提及这一段工作经历，唐学锋如此解释她对于律所发展理念的构想。

在当时不少人看来，唐学锋这一征途似乎显得有些"折腾"，但她有自己的看法与责任。当年，唐学锋在国办所时，也汇集了一批从湖南各地而来

① 国资律师事务所，指司法行政机关根据国家需要设立的，以其全部资产承担法律责任的律师事务所，一般也称为"国办所"。

的律师。制度改革红利下，律师们都希望能够做出一番事业，而前提是需要从根本上将事务所从国办放归市场。这便是唐学锋作为当初国办所的创始人对于所内律师的责任。为此，成功实现这一目标的首要任务便是找到一家有发展前景、理念相合的律师事务所。也是在这时，天地人与它的股份制改革进入唐学锋的视野。

前面说到，天地人在进行改制时，便通过层层上报申请获得了司法部、湖南省司法厅的重视，并成为股份制改革的试点单位。当时省司法厅的一位领导恰与唐学锋熟识，得知唐的这一番“折腾”后，随即建议她“不妨去天地人一试”。而这一试，便试出了唐学锋职业的归属——入所时唐学锋没赶上股份，结果也是从翟玉华的股份里“撬走了一部分”，这至今仍令她印象深刻。如今，唐学锋还负责天地人的市场品牌建设工作。

除了拥有丰富管理经验的唐学锋等资深律师，天地人还迎来了一批富有活力的年轻律师，譬如谌朝敏与邹红艳。

2003 年，一次偶然的机会，谌朝敏从广播中听到湖南省获得“部级文明律师事务所”荣誉的律所名单，“天地人”三个字便进入了谌朝敏的脑海中。在导航未普及的年代，寻找一家律师事务所犹如大海捞针。但是，人生充满了巧合与奇遇，冥冥之中总会有一根无形的线指引人们走入命运的设定。

这一天，在漫无目的地行进中，谌朝敏恰好坐上了迎宾路到火车站的公交专线，恰好在五一路下了车，又恰好沿着五一路笔直向前走去，直到“天地人律师事务所”的招牌映入眼帘。那时，有一位女律师穿着笔挺的西装，左边胳膊上还挂着一件律师袍，正从大厦门口出来。“这就是我想象中律师的样子，我觉得我要来这里。”这是谌朝敏的第一个念头。于是通过司法考试后，谌朝敏毫不犹豫地来所里自荐，最终成功加入了天地人的队伍。

如果说谌朝敏选择做律师起源于对律师职业的憧憬，邹红艳选择成为律师则或许是出于骨子里的“不安分”。

2003 年，邹红艳从北京回到湖南。由于此前已经在京城一家大所有过几年工作经验，最初加入天地人时，她选择了当时颇具挑战性的金融业务。当时，相较于沿海省份，湖南省金融市场的体量和发展程度都处于劣势。诉讼是律所的主流传统业务，在天地人更占据了80%的业务比重。在此背景下，邹红艳几乎凭借一己之力推动了天地人金融业务的起步与发展，先后承办了天地人的第一笔发债业务、第一个省内碳交易机制设计、第一个境外并购项目、第一个 ABS（资产支持专项计划）……如今，天地人诉讼与非诉业务的比例已大致达到了1∶1，在所内业务结构的持续优化中仍发挥重要作用。

事实上，20世纪90年代成立的那批老牌律所，其发展过程本身也就是不断吸引人才又由人才推动律所前进的过程。譬如2001年，中伦引进乔文骏，后者在打造中伦上海分所的过程中起了至关重要的作用。

而在20世纪90年代的湖南，天地人有省直所的背景，主任翟玉华一方面曾是法检系统的“大拿”，另一方面又通过几起重量级刑案奠定了刑辩领域的“江湖地位”，在业内形成了过硬的口碑。而在社会层面，不断拓展的公益事业、多番合作的媒体栏目也使天地人律师的专业形象深入人心。正是种种因素汇聚，让天地人相对区域内的其他同行形成了更具吸引力的品牌效应，而越来越多的人才加盟也让彼时的天地人羽翼渐丰。

办公室总是不够

1996年，天地人还是一家仅有大概20名律师的事务所；到1998年，天地人律师人数便翻了一倍还多，达到了60多人。

天地人成立了党支部——有了党支部，各种党建活动自然也得搞起来，但办公室总共就那么一亩三分地，每次办活动，律师们只能往外跑，或者挤出一间宝贵的办公室一块听场报告。虽然氛围是有了，但终归太过局促。

翟玉华见此，干脆说服所里的合作人们一举租下粮贸大厦的第4层、第9层共900多平方米的办公区，并配置了当时最好的一整套硬件家具。以至于后来大厦9楼变成省律协驻地后，律协工作人员跟天地人打趣说：“托你们的福，连添置家具的过程也免了。”

是否买楼？买多少才够用？天地人在前进的道路上徘徊。买楼了没有退路怎么办？出资买下并装修2169平方米的办公楼，亏本了怎么办？出巨资装修出来以后律师坐不满怎么办？律师业务不饱和创收下降怎么办？“举什么旗，走什么路”是创始合作人们在一次又一次聚首，头脑风暴后都需要回答的根本问题。

上述问题的巨大风险与战略抉择与个人发展交织在一起，错综复杂，没有人能告诉创始合作人未来会怎么样。天地人买楼的行为撬开了相对封闭的长沙法律服务市场，业内叫好的、观望的、等着看笑话的应有尽有，甚至有人放出了天地人两年内土崩瓦解的“预言”。

反对的声音，未知的前景，无疑给创始合作人心里增加了一丝隐忧。不能再犹豫、徘徊了！翟玉华坚定地支持买楼，坚定地看好律所的发展。每一个行业都有那么一批先知先行者，翟玉华无疑是最早觉醒的一批先行者。

买楼一事看似“凶险”，却让天地人迎来了一次扮演“行业先锋”的机会——宛如在平静的水面掷下一粒石子，带起了一圈湖南律所加以效仿的风潮。

第五章

几十号人，买了层楼

时间演进到21世纪20年代，影视剧讲述的律师形象，往往是充满精英色彩的，他们出入的场合可能是行人匆忙的机场，装着满满当当的案件或项目材料，出差奔赴于和客户的会面；可能是肃穆庄严的法庭上，观察着，思索着，神情敏锐，随后展开一场精彩的当庭发言令众人叹服；也可能是如北京CBD或上海陆家嘴这样的地方，在高耸入云的办公室里，喝着咖啡，看着材料，运筹帷幄。这些荧屏上的讲述透露出大众对于律师形象的期待：精英式的人物，精英感的环境，而后随着剧集的推进，描画出郎才女貌的都市爱情和从容不迫的职场之美。

但这样的讲述，律师本身其实大多不买账。诚然，繁忙的出差会客、机敏的庭审辩护是职业日常，但那些看似理所当然的精英感，驱散了律师创业过程中的艰辛和迷茫。我们该到故事的另一面来看一看：

一个真相是，在20多年前，以写字楼作为办公地点还未成为律师行业的主流，有不少律所曾以居民楼为办公点，“律所走进办公楼”这一理念和行动是随着中国律师行业的发展逐步完成的。

另一个真相是，律所要迁入高规格的写字楼，无论是购买还是租赁都意味着一笔不菲的支出，而这一决策要在律所内部达成统一意见并且落地实行，绝非易事。最主要的原因在于，这笔支出通常与律所的合伙人群体直接相关，律所办公环境的升级作为律所运营的成本，会相应地分摊给每一位合作人，有人看重办公环境升级后的未来发展，有人担心眼前可见的成本增加，众口难调，大家伙儿是否同意这个决定？是否都愿意并且能够出这一笔钱？时至今日，这个问题依然会困扰律所的管理者，业内不乏律所为迁址之事多方协调，历时数年终于达成；也有律所因意见始终难以达成一致而不了了之。

天地人对内进行大刀阔斧的改革，放开对股东的种种限制，增加股东数量，一举吸纳股金500多万元。这也为2008年动态股份制改革积累了宝贵的经验。正是这笔股金让天地人能够以律所的名义购买湖南大剧院一整层2169平方米的办公楼。首先，这在当时的律师界引起了不小的震动，开创了湖南律师行业一次性购买大面积办公楼的先河，放到全国也是罕见的。其次，这是一次管理制度的创新，固有观念的突破，通过买楼凝聚了人心，增强了律所发展的动力。再次，从深层次来讲，买楼是对全体律师价值观的重塑和融合。从长远来讲，规避了律师个人投资买楼为事业带来的各种风险和障碍，诸如律师退出与资产处置的矛盾、内部资源分配的矛盾。

2003年，天地人的律所招牌还挂在长沙五一路492号粮贸大厦上，五一路东边一头连着长沙火车站，西边一头接上橘子洲大桥，这条城市主干道上，车流不止，人群不息。天地人已在粮贸大厦里开启了它创立以来的第十个年头，唯一的问题是，即便面积一扩再扩，粮贸大厦的上限也摆在那儿——创业十年，已有一些成绩，但何尝不是一个新的起点。新的起点，需要一个新的环境，翟玉华萌生了为律所迁址的想法。

发展太快，挤不下了

时代之中，总不乏从一个看似潦草的起点到后来成就一番大事的创业故事，机遇在时代的河流中闪烁，召唤有心人、有志者，响应召唤而奔涌向前的创业者们心怀理想，脚步笃定，目光炯炯，他们清楚起点的潦草只是外壳，关键在于发展的内核。回想起天地人的起点，翟玉华眼神明亮：那是1993

年，37 岁的他不算年轻，但已有阅历，经历过一番努力后也对“律师”二字的内涵有了更深切的体会，辞去法院工作转而组建律所，做这一选择时，他坚定无比，加入这一事业的还有佘跃荣和其他几位律师。

90 年代的长沙不算发达。1990 年，长沙 GDP 约 100 亿元，在全国主要城市里排在 30 多位，但此后，在有意识的路线引导下，长沙经济逐步驶入了快车道。从一个简单的数据便可看出各种变迁：1962 年，湖南最高的楼房是湖南宾馆，9 层楼，刷得粉白的立墙，高度不过 35 米，却将这一纪录保持了 17 年之久；1992 年，这一头衔落到了带旋转餐厅的中山商业大厦头上，126 米，33 层；而到了 2022 年，标记长沙天际线的已经是 452 米封顶的长沙国际金融中心九龙仓——前 30 年提升了 91 米，后 30 年则提升了 326 米。

从中山商业大厦开始，尚属新鲜事物的写字楼也逐渐步入了公众视野。虽然天地人创业时钱包不鼓、底气不足，只选择在 20 世纪 80 年代落成的粮贸大厦栖身，但毕竟地处五一中路繁华地段，某种意义上也算是写字楼办公的“先驱”。

1997 年改制后，律师们的积极性得到充分调动，由此推动了天地人的快速发展。从最开始 3 楼的 16 平方米“厕边小屋”，天地人在粮贸大厦数度扩容：第一次扩容还是在 4 楼，租下了另两间房，拓展成一个大通间的办公室；第二次扩容，律师人数从第一次扩容时的 20 人增至 30 余人，律所在同一层楼转移到另外几间更大的办公室，此前来自厕所的气味不再是现实的困扰；而后，律所又进行了两次扩容，在粮贸大厦的 9 楼租下了大半层，办公面积由 16 平方米，拓展至 200 平方米、500 平方米。

2002 年，天地人扩租 9 楼，面积达到 900 平方米，有了专门的会议室，一些活动的组织得以规范。翟玉华对此如数家珍：办公室的变化是律所发展的外在体现，从最开始只堪容下几位律师办公的小房间，到能够承载人员培训、接待领导参观的跨两层楼的办公室，天地人取得的发展成果显而易见。

与此同时，扩租的面积也为进一步做好做实公益法援提供了平台。

2002 年，长沙市总工会组建特困职工帮扶团，天地人组织了 20 多名律师参与，由当时还是翟玉华助理的杨林牵头，为职工解决各类法律咨询、援助案件。由于工作出色、成果显著，2003 年，湖南省总工会特困职工帮扶团也找到天地人，邀请天地人派驻律师处理各类事务。

这些工作都帮助天地人在社会层面打响了知名度，以至于长沙政法频道在刚刚成立时想找一家有实力的律师事务所合作，第一个就想到了天地人。此外，湖南经济广播电视台也邀请天地人律师提供法律咨询，取得了不错的收效和口碑——电视台为天地人“量身定制”的广告词“天地有正气，人间享太平”也脍炙人口，天地人的知名度由此进一步提升。

2003 年，天地人来到了创业的第 10 个年头，人数规模壮大，业务领域更加综合化，律所的整体创收也近千万元，天地人也被司法部授予“部级文明律师事务所”称号。这是第一个 10 年阶段的句点，也是下一个阶段的起点，而新阶段的起点及此后成果与“为律所购置房产”这一决定息息相关。当然，更直接的原因是，一扩再扩的办公室也塞不下日益涌入的年轻律师了。

加上每年新加盟的合作人越来越多，所里需要扩股，“腾笼换鸟”的需求越发迫切。2003 年下半年，天地人的迁址事宜正式摆上了日程，开始加紧推进。

买还是租，为什么

现在说起长沙，很多人会联想到低房价和高幸福指数，2019 年，长沙的平均房价刚过万元，[①] 相比其他新一线城市，长沙在稳定房价方面的成就为人称道。过去 20 余年，我们亲眼见证了中国各大城市房价的大好涨势，房价的涨跌与多方因素有关，而从大环境来看，房价上涨与中国改革开放以来的经济腾飞密不可分。回看各座城市的建设变迁，都在这短短几十年里大变样。

① 《20 年 20 城丨长沙楼市二十年　房价洼地初长成》，载百家号“搜狐焦点”2019 年 7 月 29 日，https：//baijiahao. baidu. com/s? id = 1640375576105033459&wfr = spider&for = pc。

长沙也不例外。

天地人初创时期所在的粮贸大厦，坐落于五一路，这条时称“中南第一路”的东西向中轴线于1951年正式开工，20世纪80年代后，大道两厢先后建成了湖南省人民政府大院、长岛饭店、晓园百货大楼、蝴蝶大厦、湖南商业大厦、湖南省商业厅等楼宇。1982年，南北轴线的芙蓉路开始修建，并先后引入了一众金融商务机构进驻，与五一路交会成“金十字”地带，成为长沙的金融商务核心区域。2003年，芙蓉区率先提出建设“长沙CBD”的概念：CBD东起韶山路，西至黄兴路，南临人民路，北接八一路、中山路，核心区面积约2.7平方公里，并以此辐射周边，形成约8平方公里的协调区。2006年，芙蓉中央商务区正式挂牌成立。①

天地人新迁地址——文化大厦亦在此区域内，位于韶山北路上，与粮贸大厦转角相望。两栋框架结构的写字楼通过空中走廊相连，外墙则是彼时流行的“双层玻璃+优质花岗岩”组合，且早早就用上了高速电梯、集中式中央空调和卫星电视、电话，比起粮贸大厦称得上“鸟枪换炮”，以至于踏进律所的律师们暗自感叹：“天地人算是发达了！”

2003年至2004年间，长沙平均房价约2500元，此后均保持一定的涨幅，购买楼房首先带来了切实的资产性收益，但这仅仅是附带成效。律所买楼迁址，最重要的价值在于“筑巢引凤”，尤其在中西部地区，购房不像北京、上海等一线城市那样吃重，以律所名义购置房产，能使律所以更低成本实现更佳的运营效果，而另一方面也能在潜移默化中发挥团结律师、凝聚人才的作用。

若是人们都能预见这些效用并心有底气，那集体决策的艰难程度或许就会小很多。但正如前文所述，一端是还未看得见的未来成效，另一端是真实可感的资金支出，当翟玉华提出要为律所购置房产时，许多律师持反对意见，甚至有近10位律师因这一决策的意见不一而选择离开。

---

① 《长沙CBD的前世今生》，载长沙晚报网，https://www.icswb.com/h/101420/20170717/482369.html。

为什么不是继续租赁办公室而一定要购置房产？这是当时最突出的质疑声。翟玉华的核心理由源自一个朴素的理念，“律所是律师的家，家一定要建好。租赁的办公室在一段时间后会被收回去，没有产权因而缺乏归属感”。同时，自有产权也有助于扩充股份池，让律所能够吸纳更多的合作人。

此外则是经济效益的衡量，从当时商务楼的租售比情况来看，租房并不比买房划算，而且租房是短期持有，办公室装修方面的投入也会在离开时损失绝大部分。为了说服合作人，翟玉华专门做了详细测算：在租房价格不上涨的情况下，买楼只需要 12 年就可以回本，而且也能摆脱租约的束缚获得更多主动权。

回答了“为什么”的问题，还需解决“怎么买”的问题。普通人的生活中因买房而发生争执的情况也不在少数，而对于一个组织集体的房产购置，定点何处，要购置多大面积，要采取何种方式筹措资金，又如何将律师相应的投入付出转化为合理的回报返还，其中需要考虑的因素很多。天地人首先明确的是，购置房产要以律所集体而非个人的名义——原因很简单，个人买只能满足个体利益，一旦人员变动就会带来不小的麻烦，而且也不便于在所里布置太多公共空间。律所是集体共有而非归属于个别律师，集体名义购置房产，打造铁打营盘，才能增强律所整体的凝聚力。

那么，资金从何而来？这之所以是问题，还需厘清一个背景，在 2007 年新《律师法》将特殊的普通合伙制律师事务所写入前，绝大多数律所的组织形式都是普通合伙制。所谓合伙制，也就是合伙人自愿组合、财产归全体合伙人所有、合伙人对律师事务所的债务承担无限连带责任的组织，合伙制律所的合伙人按照合伙形式对律师事务所的债务依法承担责任。虽然后来特殊的普通合伙制对律所合伙人担责程度做出了改进，但那也是 2007 年以后才能实现的事情了，更别说此时的天地人还处在合作制时期。

律师事务所的资金流转机制也与企业大不相同，最直接的体现是，直到现在依然有很多律师事务所没有公共资金，这意味着，在这些律所中要进行任何的花销，都需要和合伙人集体商议进行。因此，在业内，一家律所开始通过分配机制的调整，有意识地建设公共资金池，常被视为进步性的举动，而公共资金池的建立和充盈也将反哺律所整体的发展。

回到天地人购房的2003年，千万元的投入，资金从何而来，天地人采取了“半银行贷款、半所内筹集”的方式。天地人作为一家采取内部股份制的律师事务所，通过扩股筹集资金，为购房出资的股东即为投资人，认购额度设有上限，避免一股独大，保障律所持续吸引人才的开放性和包容性。此后，按照各人的出资额比例进行分红，让投资人能够享有额外收益，从个体的角度保障其权益，从集体的角度提升了律师们的主人翁意识。

2003年12月，天地人律师实地考察了多处，最终定点文化大厦，当时的长沙写字楼的数量尚且不多，文化大厦在其中让人十分瞩目，是继湖南财富中心后第二栋新修的新锐写字楼，刚巧又是天地人的法律顾问单位，因而顺理成章被选定。让律所走进CBD写字楼，而且是购买甲级写字楼，这样的意识和行动在当时颇有些超前。天地人豪掷千金，买下了2169平方米的整层办公楼，除了常规的工位和办公室，还设置有会议室、档案室、资料室和律师服务中心。尽管困难重重，但迁址事宜最终落定——天地人的这一举措让当时的湖南律师同行们颇为震动，一时间引领了当地律所购房搬入写字楼的潮流。

当然，硬件最多起到装点门面、吸引来客的作用，律师行业中不乏集资冲进高端写字楼，最终却因为经营不佳而黯然退出的例子。为了利用好新的办公环境，天地人一方面加强了文化建设，另一方面也建设起了配套的软件服务。更重要的是，核心的合作人们逐渐意识到建设人才梯队的必要性，开始有意识地加强“传帮带”体系，这就让天地人相比同期的许多律所具备了更强的吸引力。

刚搬进去那会，天地人那几十号人并没能填满新办公室，还有许多卡座处于空置状态。但是，家有梧桐树，自有凤来栖，环境高大上、对人才又非常友好，很快，那些空置的卡座就被填补，天地人发展迅速，三年时间里集结了上百名律师。至2010年，天地人的人数已经突破了200人。

2169平方米的新起点

“谋生方式有很多，做律师不见得是最好的一种。”在此后的媒体采访中，翟玉华时常这样说，并不是为了劝退有理想的法律青年，而是因为律师这份职业有特殊性和重要的社会意义。在翟玉华看来，“做律师不仅要有法律底线，还要有更高的道德底线。一名好律师要把社会责任放在首位，要有担当，要对社会充满爱心”。作为律所的主任，他的理念不仅影响他带教的年轻律师，也体现在律所的发展举措中。

从粮贸大厦迁入文化大厦，两栋楼相距并不远，面积扩展至2000余平方米，增加的仅仅是律师办公位的数量吗？显然不是，办公环境优化，律师人才加入，天地人得以参与乃至主导更多重要事务，尽管有很多事务在当下是无偿的、公益的，但都能在往后的岁月里得到持续的回馈。

事实上，空间宽裕起来后，各种党建、公益活动也办得有声有色，但翟玉华觉得不能只停留在事务所内部，还是得向社会贡献力量。很快，机会来了。2004年，天地人成立湖南省优化经济发展环境律师援助中心；2005年，天地人组建湖南省台商法律服务中心。这两大平台成为天地人对外开展公益法援事业的重要平台。

成立这两个中心的初衷是，为民营企业的权益保驾护航。改革开放以来，民营企业在国民经济中扮演越来越重要的角色，2004年，我国民营企业对国民经济的贡献率就超过了60%，[①] 但是，这样一群重要且庞大的群体在当时却没有得到应有的法律保护，在某些情况下甚至是“被歧视”的，企业家们普遍缺乏安全感。

---

① 《我国民营企业2004年对国民经济的贡献率超过60%》，载中国政府网，http://www.gov.cn/ztzl/2005-08/15/content_64699.htm。

一方面，民营企业的“受歧视”或“弱势地位”体现在当时的立法、行政审批、行政执法、司法的各个环节，在一些地方，民营企业与国有企业会受到区别对待，比如融资途径、市场准入和权利救济等方面都存在这样的不公平对待现象，国有企业往往更容易拿到项目批文，而民营企业则较难，付出的成本也更大，融资就更不用说了。另一方面，当时的民营企业自身法律意识也不强，相当一部分企业缺乏规范经营的意识，想着“打擦边球”，踩红线或者是不诚信，导致与合作伙伴、职工、社会与政府部门产生矛盾。①

无论是为了改善外界营商环境，还是提高所内律师的个体专业素质，翟玉华都认为天地人应当呼吁和带头保护民营企业权益。律师作为手握法律武器的专业人士，最直接的行动往往是普法和法律援助。

2003 年，湖南省优化经济发展环境办公室从原先的省政府办公厅迁移到了省纪委，在粮贸大厦办公。其希望找到一家律所为湖南省外资企业提供咨询服务，为政策法规的拟订提供法律意见，帮助党委、政府起草优化经济发展环境的相关文件，最重要的是，处理历年积压下来的各种投诉、案件。但由于找到的律所最低开价也是 30 万元一年，省纪委优化办无力负担，最后只好找上同在粮贸大厦的天地人，试探性地问翟玉华能不能做。

翟玉华找所里的合作人们商量，大家觉得这事费时费力，又没有回报，不太愿意做。但在 2002 年当选所内党支部书记后，翟玉华对于党建、公益的认识也越来越深刻，他认为应该做，并把原因坦诚相告：其一，从政治经济层面来讲，律师应当承担社会责任，彼时湖南经济正乘着改革开放的东风高速发展，企业面临的各类问题亟须律师参与解决，而只有经济环境优化了，企业才会活跃，企业活跃了，律师才有更多的发挥空间，因此，与优化办合作就是给自己制造更多业务机会；其二，当时所里律师的工作量并不算饱和，尤其是新加入的律师正需要更多实践历练，省纪委优化办对律师的技术、能力要求都颇高，正好可以借机锻炼律师的业务素质，值得一做；其三，与省

① 参见《翟玉华：民营企业权益尚未得到应有保护》，载红网，https：//hn. rednet. cn/c/2014/11/17/3524067. htm。

纪委优化办的合作本身也是一种非常好的营销方式，只要工作做到位，党委政府、相关企业都会肯定天地人的实力，等于“不花钱的广告”，值得借势打造品牌影响力。

为了消除大家的顾虑，翟玉华率先表态参与，带动了二三十位其他律师，组建了湖南省优化经济发展环境律师援助中心，2004 年 2 月正式揭牌，地点就设在所里。

2005 年，中共湖南省委台湾工作办公室副主任找到翟玉华，提出要成立湖南省台商法律服务中心。

湖南省台商法律服务中心一成立就撞上了几桩陈年老案：一位台商在橘子洲头某项目投资了几千万元，却因为拆迁不动且投诉无果一拖就是 9 年；另一位台商则在湘江北边的月亮岛投资数千万元，同样因为拆迁不动且投诉无果找到了湖南省台商法律服务中心。翟玉华等律师为此找到省里，在得知无法开发后积极推动省里进行回购，帮助台商维护了合法权益。

此外，法律服务中心还帮助台商解决了十几起复杂的错误执行案例，长沙市台商协会为此专门请天地人律师前去坐班答疑。时间长了，有的台商甚至调侃“天地人律师是派来监督我们的”，但更多时候他们对湖南省台商法律服务中心心怀感激，甚至有台商在众多企业机构参加的大会上表态：“‘湖南省台商法律服务中心’就是我们的保护神！”

由天地人律师参与的此类法律援助案件不计其数，做实了湖南省优化经济发展环境律师援助中心，也做响了天地人的公益品牌。在外，天地人被誉为“政府好帮手，企业保护神”，在政法机关单位和企业中赢得了公信力和口碑；在内，公益援助成为天地人的文化灵魂，一个个实打实的法律援助案件不仅训练了律师们的业务能力，也塑造了天地人律师的职业理念和价值观。

“公益就是公益，援助就是援助，绝不收钱和接饭局。”这是天地人律师做法律援助时朴素的坚持，此前曾有某台商遇到纠纷，由湖南省台商法律服务中心负责处理，问题解决后，台商想向翟玉华赠送礼品表示感谢，但翟玉华拒绝了，后来台商便特地在杂志上刊登文章介绍湖南省台商法律服务中心，还促成了一次位于湖南衡阳的湘台经贸洽谈会。

长年累月下来，天地人律师为湖南省优化经济发展环境律师援助中心和“湖南台商服务中心”付出的时间、精力难以计量。尽管很多案件并无报酬，但其隐性的回报却慢慢凸显出来。2005 年，天地人被中华全国律师协会授予“全国优秀律师事务所”称号，翟玉华也被中华全国律师协会授予“全国优秀律师”称号；2007 年 5 月，翟玉华在湖南省第九次党代会上当选为中共十七大代表；2009 年 9 月，天地人被司法部评为“法律服务和法律援助工作为构建社会主义和谐社会服务”主题实践活动先进集体。

天地人的律所口碑和影响力逐步建立起来，客户慕名前来，亦吸引了优秀的青年法律人才加入，人员规模很快扩张到 200 余人，成为湖南规模最大的律师事务所之一。天地人“以业务为主体，以党建和公益为两翼”的一体两翼发展模式逐步确立，独树一帜的“以党建促所建，以公益促效益”的发展格局也慢慢成形。

第六章

公益促效益，党建促所建

“党建+公益”是近年来律师行业的热词之一，也是业内一众头部大所乐此不疲加以推进的重点工程之一。

原因很简单，过往40余年里，中国律师行业固然经历了飞跃式的发展，行业红利让许多律所在相对较短的周期里迎来了规模、体量的急速膨胀，但与之对应的管理、组织能力与理论探索却并没能与创收增长速度并驾齐驱，而是形成了落差。

这种落差带来了两大核心问题：其一，律所人心不齐，各自为政，达则小富即安，穷则分崩离析，驱动力全靠律师自身，“穷庙富和尚”的案例不胜枚举，想要建立起长期发展的律所平台困难重重；其二，松散的架构使律所对律师行为的约束力较弱，也难以将律师的道德素质维持在统一的较高水平，律所整体抗风险能力差，运行不稳定。

当然，行业内也为此进行了不同方面的尝试。有的从分配和管理下手，借鉴国外成熟经验，引入计点制、公司制以加强内部整体性，或基于此融入更多本土要素，形成各具特色的“一体化”律所，乃至从外部引入专业管理者，协助或主导律所运营；有的则尝试通过丰富多样的制度建设、文化活动对律师进行“软约束”，期待用无形的“律所文化”来增强合伙人间的联系。

“党建+公益”也可以视作此类手段中的一种。党建可以极大增强机构内部的组织性与凝聚力，但如果缺乏载体或限于单一的党史学习等活动则难以做到“接地气”；公益能够有效提升律师个人素质和律所凝聚力，但得不到系统性组织就无法形成合力，容易出现虎头蛇尾或各自为战的情形。两两结合，却往往可以发挥出“1+1>2”的作用。

近年来，随着成立党支部甚至党委的律所越来越多，以“党建+公益”推动律所建设、打造律所凝聚力的想法和实践也越来越多，各所做法各有特点。但于天地人而言，与其说其“党建+公益”建设是顺应当下趋势而做的一种选择，不如说是对过往传统一以贯之，并在新时代加以丰富的独到坚持——事实上，在过往近30年的发展中，如果“以人为本”是天地人最核心的发展思想，那么“以党建促所建，以公益促效益”就是贯穿全过程、支撑天地人走得比一般律所更远的助推器。

天地人走上“党建”“公益”这条差异化的发展道路，有以下几个原因：

第一，创始人翟玉华对公平正义的追求一刻也没有停止。从五一路的咨询台，到长沙市总工会、湖南省总工会、湖南省优化经济环境办公室的法律援助，再到湘江法务圈、湘江法商荟的普法平台。都体现了天地人对弱势群体的持续关注，对公平正义的孜孜不倦追求。

第二，律师是一群特殊的群体，高学历、高情商、爱自由，各自的经验、文化背景、经济条件甚至做律师的初衷差异悬殊。律师是公认最难管理的群体，如果没有共同的底线和共同的价值观，就是一盘散沙。党建和公益是最好的黏合剂，让青年律师有活儿干，又能得到社会的认可；让合伙人不囿于成见，不落于窠臼，不轻易悲观，不盲目乐观，为了事务所的整体利益，为了个人的长远利益，摒弃不合理的观念、体制。党建的交流，增加了党员律师的组织力和号召力，有利于构建有生命力的组织文化，关爱个人的身心健康，激发个人的创造力和潜能，鼓励团队协作共进，为社会作出应有贡献的文化。

第三，党的建设是律所文化的一个重要组成部分，通过党建“内聚人心、外聚人气”，坚持以人为本，以多元的方式促进律师个体的成长、律师事务所群体的发展与中国律师整体的担当，促进经济社会和人的全面发展。律所党建要找准社会发展的重点与大方向，找到与社会各界沟通的发展思路与方法，凝聚各方力量，寻求社会治理最大公约数。通过参与公益事业，发挥党组织的引领作用和党员的辐射带头作用，有效提高了天地人公益的服务面、影响力和社会地位，形成了党的建设与社会事业发展同步推进的双赢局面。

如何把“党建”“公益”做成、做实？天地人的经验或许可以对当下的机构们提供参考。

“政府的好帮手，企业的保护神”

谈到天地人的党建、公益成果，首先就不能绕过2004~2005年成立的两个“中心”。

自湖南省优化经济发展环境律师援助中心成立以来，天地人律师团队接触了各式各样民营企业权益被侵犯的案例，由于受到不公平对待，有的家财散尽，有的危及企业家人身安全。

2004年，全国知名企业盼盼安全门制造有限公司投诉某市质量技术监督局违法执法。该市质量技术监督局给盼盼开具了几十万元的罚单，要没收企业在某小区的444套门并罚款86万元，合计价值约110万余元，理由则是该小区客户投诉该企业的产品质量有问题。得知这一情况后，省优化办委托律师援助中心为其提供帮助。律师援助中心接受委派通知后立即行动，先后两次派律师走访该小区实地调查，结果发现小区项目还处于未交付状态，业主们都还没入驻，甚至小区内部的道路都没有完全修好——所谓有质量问题的门并未交付使用，投诉又从何而来呢？

后来经过调查发现，作为执法部门的质量技术监督局采取的是差额拨款模式，为了补充收入，这一则客户投诉是执法大队人员自行填报的。事情查明后，由当地纪律检查委员会处理，涉事干部被调离，企业对此非常满意，后来又在湖南投资8000余万元设厂。

案件本身是结束了，但事情的本源其实并未解决——如果执法部门依旧无法自给自足，就难以杜绝这种情形。为此，结案后省纪委优化办让天地人做总结，翟玉华等天地人律师为此专门撰写了分析报告，以律师援助中心的名义积极向省委建言献策，最终推动在职能执法部门用足额拨款替代了差额拨款，进一步促进了经济环境的优化。天地人律师的认真负责博得了客户的认可，后续各类咨询案件也接踵而至。

这其中有个插曲很有意思：翟玉华答应省纪委优化办提供免费服务后，省纪委反倒有人觉得奇怪——怎么会有人甘愿“打白工”，是不是另有所图？其中一位副厅长就暗中对天地人进行了长达两三年的观察，并前后三次对翟玉华提出：“你们为什么要搞律师援助？”但结果也让其不得不信服，天地人确实是在规规矩矩做事。后来这位副厅长对法律援助中心倍加推崇，下属拿文件让她签字，她会先问一句：“这个事情翟玉华看了没有？”公益带来的口碑可见一斑。

2005年，专为服务台商的湖南省台商法律服务中心挂牌后，也屡屡为台商解决了遗留数年乃至十数年的疑难问题。

台商张连丰在台商群体中非常有影响力。在常德对某项目进行投资时，由于协议中的相关条款存在漏洞，对方打算将张连丰踢出项目，张连丰吃了哑巴亏，找到服务中心求助。翟玉华参加完他公司的董事会会议和协商谈判后，就撰写了详细的报告，为张连丰提供了解决方案。在政府的支持下，最终张连丰得以将股权收回。事后，张连丰专程带几万元钱来所里答谢，却被翟玉华婉言谢绝：“收了这个钱，反倒说明我们在做‘假公益法援’，言行不一。”

张连丰对此非常感动，主动在国台办和全国台湾同胞投资企业联谊会的各种场合给天地人做宣传，在协会内刊发表专访文章感谢天地人，甚至还积极拉动台商到湖南投资。得益于这些点滴积累，台商法律服务中心的成功案例不仅被国台办推广，2012 年还得到宋楚瑜的专门推广，湘台经贸洽谈会上签约总金额达到 290 亿元的商业项目。

两个“中心”为天地人博得了大量美誉。迄今，湖南省优化经济发展环境律师援助中心已累计为在湘投资者、企业提供法律咨询服务近 2 万人次，受理处理投资纠纷案件 560 余件，出具法律意见书 240 余份，为省委、省政府领导提供情况反映 12 篇；湖南省台商法律服务中心已累计为台商提供法律咨询服务 1000 余人次，承办法律援助案件 200 余件。

每年天地人都会根据律师援助中心的工作成果撰写工作报告，省纪委优化办的主任曾专门在报告上批示：“律师援助中心是政府的好帮手、企业的保护神。”并在省委组织部的各类会议上屡屡宣扬天地人的工作成果。和“买房”一样，天地人获得的实际效益也在湖南形成了一定的“鲇鱼效应”，许多律所自此争相投身公益，推动了这股风潮。

“这些成绩的取得，都离不开党建的推动。”翟玉华表示。近年来，天地人着力推动律师团队与客户单位的党建共建工作，积极将天地人的党建工作成果向外输出。这种党建共建不仅刷新了天地人在客户单位眼中的认知，还在双方之间建立起了平等的文化交流、业务合作通道——如与市机关部委、职能部门开展的党建共建活动就让双方都受益良多。

种种不凡的思路和举措，让天地人的党建工作与一般律所的党建工作相比显得别具一格：作为一种实实在在的“抓手”，天地人的党建工作不仅给行业树立了一个可行的参考范本，更是为律所与党委、政府间的联动、联系进行了拓荒与更深层次的探索。

做百姓的“护法使者”

“党建有两个突出特征，一是政治号召力，二是组织力/动员能力。二者缺一不可，两相结合，共同奠定了党建在律所工作中‘政治核心’的重要地位。”这是翟玉华对律所党建工作本质的解读。

律所作为松散型聚合体，合伙人的理念、定位、诉求各不相同。在开展党建工作前，天地人虽然也有管委会的选举换届，但由于缺乏统一理念，工作始终“不着力”。“一个代代相传的党建理念，恰恰能够很好地为组织建设奠基。”

为此，天地人专门修改了律所章程，将党建工作纳入组织建设的主体部分，贯彻律所工作的始终。

在翟玉华看来，天地人在党建方面的深耕主要发挥出了两大作用：

一是引领了律所的政治方向。这里的政治方向不仅包括未来的发展方向，也包含律所的选人用人——只有在过程中贯穿党的精神，才有可能选出符合律所发展需要、代表绝大多数人意见、追求的律所管理者。也因此，天地人严守发展红线，坚持党的核心领导地位，在长期推行中将党建理念潜移默化渗入每个人的思想当中。翟玉华说：“每一个共产党员都要以身作则，做好自己作为党员应该做的事，在我所这出发展大戏中扮演好自己的角色。首先要搞团队建设，专业建设和市场建设，只有这样，自己才有实力，才有资本，才有资格去影响别人。”不少来自致公党、民建等民主党派的人士纷纷主动参与相关工作，有的还申请加入了共产党。

二是作为律所的“战斗堡垒”，在重大事件中起到引领作用。翟玉华说：“党组织要切实发挥战斗堡垒作用。党委委员和支部书记要按照年初安排帮好团队建设和业务发展，不能做看客，也不能只指手画脚，而是要脚踏实地，干出样子，帮有成效。各个支部都要沉入专业团队，带领党员和团队其他成员把团队建设好，把事业做起来，做到哪里有困难，哪里有党组织，哪里有战斗，哪里就有党组织，充分体现党组织的战斗堡垒作用，让党组织的红旗高高飘扬。”天地人的数次买楼迁址中，党组织都起到了决定性的作用，帮助律所克服了重重难关——第一次买楼，支部拍板以律所名义买；第二次买楼，党组织做通了方方面面工作，最终以相对多数通过集体买房决议。2008年司法部要求律所改为合伙制，所内出现了一些争议动荡，也是党员们站出来稳住局势，最终律所仅仅流失了几位成员。而今，天地人更是将党支部建到了每个专业团队上，实现了党建与业务的紧密结合，将党的号召力、组织力渗透到了基层一线，确保了党建工作与业务开展、个人发展相紧密结合。

三是要发挥共产党员在律所发展中的先锋模范作用。翟玉华坦言：共产党员同志不但要做好自己的事情，还要在我所发展过程中严格要求自己，为团队建设、专业建设和市场建设起好先锋模范作用，做敢打硬仗的排头兵，做攻坚克难的先锋，带领律师们在团队、专业和市场建设中建立功勋。

2002 年，长沙市总工会和湖南省总工会成立特困职工帮扶中心，天地人闻讯，主动成立了以党员律师为主的律师顾问团。2003 年 10 月，长沙市总工会正式与天地人签署协议，由天地人为其提供法律顾问服务，两个律师顾问团自此持续至今。

每到周一，顾问团律师都会前往值班，为特困职工提供法律服务，风雨无阻。除周一正常值班外，顾问团律师也随叫随到，截至 2022 年即已累计免费为特困职工提供法律咨询 5000 余人次，依法办理法律援助案件 450 多件。

2013 年，27 名在安徽亳州务工的湘西农民工由于住房条件较差，与当地村民起了冲突，发生群体性互殴。当地公安将农民工全部拘留，由于村民有人受伤，连带扣留了农民工的工资。事件发生后，农民工里有人拨打"12351"向湖南省总工会求助。省总工会权益保障部对此事非常重视，一边向安徽省总工会书面发函请求调查，一边迅速委派了两名律师前往现场提供法律援助——天地人第三党支部书记、专业建设委员会委员曾佳魁就是其中之一。"当时交通还没有那么发达，事发地又比较偏，风风火火地赶过去，转了几趟绿皮火车，又从绿皮火车倒腾到汽车，光去程就花了 20 来个小时。"

到了以后，曾佳魁发现对方办案单位比较倾向于保护当地村民，虽然在初步沟通后，争取到将妇女、儿童先放出来，但在补偿方面对方态度强硬，甚至放话说即便农民工回家卖牛也得把钱筹出来。为此，曾佳魁他们一面抓紧会见被拘留的农民工，另一面积极斡旋，与当地公安深度交流、据理力争，最终联合安徽省总工会帮助农民工重获自由，并取回了被扣留的工资。一来一回加上办事，付出了整整三天三夜的时间。“虽然过程艰辛，但也正是因此而印象深刻，有了更多做公益的动力。”

也正是这类事件给了曾佳魁动力。执业以来，他长期担任湖南省总工会、长沙市总工会、湖南省人民政府门户网站法律咨询栏目的律师团成员，曾作为湖南省律师行业中唯一获奖的代表，于2018年获得中共湖南省委依法治省委员会、司法厅联合颁发的“最美公益普法个人”。2018年12月，受湖南省总工会法律援助指派，曾佳魁参加农民工杨某某在长沙某建设工地突发疾病死亡案件的调解工作，通过多轮协商最终在第八天的凌晨促成双方达成赔偿方案，最大限度地保障了各方权益；2020年1月，曾佳魁又参加了湖南省总工会、广东省总工会联合组织的“工会平安返乡号”专列公益活动，为在粤湘籍务工人员提供全程法律咨询服务——为此，曾佳魁也在2021年获得了中华全国总工会、司法部、中华全国律师协会联合评定的2017～2020年“尊法守法·携手筑梦”服务农民工公益法律服务行动成绩突出个人称号。

像曾佳魁这样的律师并非孤例。为了保护困难职工，天地人做了大量法律援助工作，保障了众多困难职工的合法权益，为此屡屡博得省总工会、市总工会的认可。长沙市总工会主席楚白兰就曾称赞天地人是“依法治国的先锋，弱势群体的坚强后盾”，并代表长沙市总工会向天地人赠送了一幅市总工会干部书写的对联“建和谐社会情系百万职工铁肩担道义，树天地正气惟求人间公平三湘扬美名”。

2006年，随着一系列社会事件的爆发和公众舆论的倾斜，“农民工讨薪难”现象开始逐渐得到关注，天地人果断与长沙电视台政法频道成立了农民工讨薪维权联盟，为农民工讨薪提供全程法律援助。联盟成立以来累计为300多位农民工提供法律援助，成功挽回或避免经济损失达2000万元。

种种活动中，党员冲锋在前，其他律师跟随在后，为社会公益贡献了巨大力量。自此，天地人在法律援助和普法平台打造之路上越走越远。

2011年，天地人受邀担任省政府信息中心“在线法律咨询”栏目法律咨询单位。如今，原本为期3年的合同早已过期，但天地人律师的服务得到了省政府信息中心的认可，便一直坚持下来，前后共有 80 多名律师为此提供服务。

2015 年，湖南省司法厅成立法律服务平台“如法网”，12 名天地人律师加盟值班，提供免费法律服务，迄今已坚守 7 年。

2016 年，党中央、省委实施精准扶贫策略，天地人党委积极响应，自 2016 年 11 月起共派出律师 120 余人次奔赴湘西、怀化、炎陵、祁阳等地县乡街村开展法律扶贫工作。

2019 年，根据最高人民法院、司法部《关于开展律师调解试点工作的意见》，在省司法厅、省律协的指导下，天地人先后于芙蓉区、望城区法院设立了律师调解工作室。至今，仅望城区法院律师调解室就调解各类案件 2000 余起，调解人数超过 5000 人次。

此外，天地人每年都有 30 余名律师长期在省司法厅、省公安厅、省检察院、省高级法院值班，调解案件 800 余件，法律援助案件近 300 件，为当事人挽回经济损失 800 余万元。

“法律六进”是中宣部、司法部和全国普法办于 2006 年提出并布置的一项为期五年的普法工作，旨在通过开展一系列普法活动实现法律“进机关”“进乡村”“进社区”“进学校”“进企业”“进单位”。活动甫一推出，天地人即刻响应，并在“六进”的基础上不断往更多方向拓展，坚持至今未有停歇。

不仅如此，天地人还积极创新公益和普法形式，向全社会各个群体普及法律知识和法律意识。除开展行业内常见的各类专项公益法律援助、普法活动外，天地人亦十分注重汇编公益普法资料，天地人先后与湖南省总工会、长沙市总工会权益保障部汇编整理的《职工权益实用问答》《企业用工实务问答》普法手册对职工群体帮助甚大，根据湖南省人民政府门户网站法律咨询栏目中普法资料汇编的《湖南省政府门户网站法律咨询问答精选》也博得了广大群众好评。此外，天地人也较早开始利用多媒体手段和电视电台等媒体平台开展公益普法，常年与多家电视台、广播电台合作，通过参与制作

《经视说法》《家在长沙》等节目将法律知识普及给广大观众，还通过微信公众号每年推送普法文章300余篇。

公益领域的累累硕果让天地人广受认可。2020年，天地人被司法部授予“法律援助工作先进集体”，并被湖南省妇联授予“湖南省巾帼建功先进集体”。2021年，在湖南省委宣传部、省文明办、省司法厅联合开展的“最美公益普法集体（个人）”宣传展示活动中，天地人获评“最美公益普法集体”。

一桩桩荣誉落地，背后是政府和百姓对天地人逐年递增的信赖——这坚定了天地人做“百姓的护法使者”这一信念。

翟玉华当选十七大代表

2007年10月15日，人民大会堂的万人大礼堂，中国共产党第十七次全国代表大会在此召开。红宝石般的巨大红色五角星灯下，2000余名代表就坐第一层的座位上，准备迎接接下来一周的紧张议程。

比起十六大、十七大的2000多名代表中多出了三张律师面孔——孙发荣、赵玉中以及翟玉华。

孙发荣时任全国律协专职会长、重庆律师协会会长，主司律师管理；赵玉中则是安徽省巢湖市法律援助中心的主任律师，属于政府工作人员。于是，翟玉华就成了三位律师代表中唯一的“专职律师代表”，这也是对翟玉华坚持公平正义服务人民的肯定。

2007年5月当选后，翟玉华在2007年6月设立了党代表办公室，8月又开通了博客，收到了来自全国各地的冤假错案、房价上涨之类的1000多份投诉报告。对于这些投诉报告，翟玉华挑灯夜读，一份份帮忙处理：“就类似于坐班，以党代表的身份界定这个事情有没有道理，对，就维护，不对，就纠正，核心目的自然还是维护应有的公平正义。”

有的来信咨询投资问题，比如投资环境不好该怎么办，如果确实有道理，翟玉华就会对其表示支持并给出具体建议，但有些情况属于无法解决的历史遗留问题，翟玉华一方面为他们解释政策，另一方面也提供其他路径以供参考，有道理的就帮助他们向有关部门反映，没有道理的要让他息诉息访，解决问题。有时一些八九十岁的老人拄着拐杖颤巍巍地走进天地人，来找翟玉华，他总是客客气气地一一接待、认真聆听，可协调解决的帮忙解决，不能协调解决的给出意见，常常一番话说得对方心里暖洋洋的，意识到诉求不合理后也心悦诚服地选择息诉。这股认真劲也让很多来访者感慨："翟玉华确实是党的好代表。"

翟玉华参加十七大的事情自然也让所里一派喜气洋洋。返程那天，天地人的大会议室里早早架起了几部摄像机——电视台的记者守在跟前，等着翟玉华传达会议精神后短短的采访窗口。

这次当选进一步打响了天地人的名头——盛名带来压力，虽然天地人此时仍奔跑在发展的快车道上，但一些隐忧也逐步显露。因此，翟玉华等人开始思考起天地人的下一步动向……

律所又多了几道风景，成了湖南新标杆

一系列新的举措下，天地人的公益和党建活动越做越深、影响力越来越大。但更重要的一点是天地人逐步在过往党建之路中凝练出系统性的党建、公益方法论。"党建促所建、公益促效益"不仅仅停留在口号，而是依据"党建特质、律所特点、律师专业"三大维度促进融合，从而双向拓展党建工作、业务工作融合的维度、广度和深度，使律师业务开展、工作成效和党组织发挥的作用相融合，从而让党建在整个律所发展过程中发挥出更大、更具体的作用。

步入 20 世纪的第二个十年，将公益、党建作为重点工作推进的律所也

越来越多。天地人之前的做法，同行已经或多或少有所学习，但天地人又怎会就此止步——在明确贯彻“党建促所建、公益促效益”理论的基础上，一些新的动作让天地人在党建公益上保持领先，持续作为湖南省律师行业的标杆。

同样是为企业处理法律事务，相比从外部提供服务的律师，专职服务于企业的法务限于执业条件、成长环境以及企业重视程度等因素，往往难以充分发挥自身“企业风险综合管理者”的角色价值，进而使企业自身难以适应复杂多变的市场环境，阻碍企业进一步发展。在与所服务企业法务群体交流的过程中，天地人律师觉察到这一困境，由此萌生出一个想法：是否可以尝试搭建一个公益平台，用以加强社会律师与企业法务间的合作交流，为企业健康发展提供更为强大的法律资源支持?

2016 年 7 月底，湖南省非公有制经济组织和社会组织党建工作暨园区党建工作推进会在湘潭召开，翟玉华参加了会议，并在会上以《让党旗在律师事务所高高飘扬》为题做了经验介绍，着重介绍了天地人如何把党的政治优势转化为律所发展优势、把党员的先进性转化为律所核心竞争力、把社会主义核心价值理念转化为律所社会影响力这三方面的党建工作成绩。

省委常委、组织部部长郭开朗以及省有关厅局分管领导、各市州组织部部长、经济开发区主要负责人等近 200 人参加了会议。翟玉华的发言在人群中引起了较大反响，嘉宾们普遍认为“天地人经验”值得参考学习——这是一个铺垫。

2016 年 8 月 26 日，由湖南省工商联指导，长沙市工商联、长沙高新技术产业开发区支持，以天地人 200 多名律师为基础的湘江法务圈公益平台正式启动。上线之初，湘江法务圈即搭建了 3 个专门的互通平台：便于圈内法务人员与律师交流、互动服务的线上平台；用于圈内法务人员与律师直接电话联系的电话热线；用于组织天地人所内各专业优秀律师为圈内企业法务人员提供面对面专业服务、咨询解答、组织讨论会和培训的线下平台。

“天地人承诺免费向圈内企业提供法律政策信息动态，提供与企业经营相关的法律法规、政策信息，进行法律政策预警、法律咨询解答、法律风险评估，对疑难问题进行法律会诊，乃至对法务人员进行专门培训等事项。”唐学锋在启动仪式上表示。此后，天地人律师团多次应邀前往永州祁阳经济开发区等省级重点工业园区参加座谈会，并现场审查合同、分析风险点。

有翟玉华、余跃荣、唐学锋等老一辈律师常年带头从事公益活动，其他合伙人、律师也在潜移默化中云集响应——其中既有资深的老合伙人，也不乏初露锋芒的年轻律师。

管委会委员杨林2002年加入天地人，曾获“湖南省司法行政工作先进个人”“湖南省首届优秀青年律师”“2019中世律所联盟双年奖管理合伙人大奖”。天地人参与组建了全国首家省级优化经济发展环境律师援助中心，杨林先后担任中心秘书长、副主任，十余年里累计带领中心律师免费提供法律咨询20,000余次，处理投诉案件560余件，出具法律意见书240余份，为企业和投资者挽回、避免经济损失4亿多元，直接促进投资100多亿元，间接促进投资300多亿元。

2005年湖南省台商法律服务中心在天地人正式挂牌成立时，杨林也同样作为中心秘书长开展相关工作，博得了许多台商的认可。2020年5月，湖南省台办又与天地人携手搭建湖南省台胞台企法律服务平台，杨林担任顾问团首席律师。十余年里，杨林组织和带领天地人律师通过这两大平台持续为台商排忧解难，累计为台商台胞提供公益法律咨询、处理各类投诉案件560余起，调解纠纷的同时也增强了台商台胞的认同感与获得感。

此外，杨林也是湘江法商荟公益服务平台的发起人之一。2018年8月30日，作为贯彻落实“法治岳麓”营商环境的重要举措，湘江法商荟公益平台在楷林国际扬帆起航。湘江法商荟以法律服务为特色，旨在为辖区企业提供综合性、一站式、专业化服务，同时提供产业发展、政策解读、管理培训、企业交流等多项内容支持，为企业家搭建新的合作、交流、发展平台，通过资源的共享、互通，共同推进区域营商环境优化建设。依托这一公益平台，岳麓区开展了“法治岳麓”营商论坛、“麓山夜话”等多起具有社会影响力的活动，有力提升了区域营商环境形象。

2022 年 4 月 8 日起，天地人律师以湘江法商荟为平台接连发起十期“战疫有法”直播，为企业解读疫情期间广受关注的法律热点和实务问题，涵盖建设工程、餐饮服务、公司治理、知识产权、灵活用工、合同风险等众多领域。主讲律师联系湖南法律服务市场实际，讲授专业又接地气，实操性强，取得了很好反响。

天地人用自身的实践成果证明了“抓党建就是抓生产力”不仅适用于企业，也适用于律所。高质量党建引领高质量发展，高质量发展呼唤高质量党建。党建始终与律师业务拓展同步，与律所管理发展同步——天地人的律所党建之道正在于此。

第七章

动态股份制，怎么“动”

步入21世纪，天地人发展蒸蒸日上，但一个隐忧开始徘徊在一片祥和之上——新进所的人才越来越多，既有的股份池却仍在老人们的把持下。长此以往，势必会影响新人的积极性。

正好，2008年6月，新实施的《律师法》将律师事务所的组织形式由原先的“国资、合作、合伙”改成了“国资、合伙、个人”，所有合作所必须在年底前完成改制。翟玉华先后在管委会层面进行了好几次沟通，与合作人们达成了一个共识——将天地人改制为特殊的普通合伙制律所，同时，准备施行“动态股份制”。

静态股份制像一个“铁桶”，固化了发展空间

许多初创期的企业、机构，为了最大程度团结初创团队，会选择一种类似“静态股份制”的分配模式。

这一制度下，初创团队所持有的律所股份是静态的——每个人持有的份额固定，如有新人进来，就在剩余的股份中继续拆分出一点点，直到拆无可拆。

这样做的好处是保障了“老人”的权益——只要天地人不垮，拥有大量

股份的老人就能一直吃老本，创始团队也就相对稳定，对于企业长远稳健运营是有帮助的。

但坏处也很明显，用翟玉华的话说，静态股份制像一个“铁桶”，坚固、牢靠，但实际上固化了机构的发展空间——新人进不来，没有积极性；老人出不去，没有危机感。时间一长，温水煮青蛙，机构也迟早会遇到危机。

怎么办？最好的办法当然是让股份“动起来”。对于1997年实施了内部股份制改革的天地人而言，随着发展的深入，如何让股份“动起来”逐渐成为下一个待研究的课题。

湖南第一家“特普合”

天地人是湖南第一家特殊普通合伙制律所。在谈论“特殊的普通合伙制”这个话题之前，首先得讲讲为什么合伙制能够流行起来。

自1996年《律师法》审议通过后，在大浪淘沙的市场竞争中，合伙制逐渐成为律所的主流组织形式。当然，此时的天地人仍沿用以往那套基于自身需求改进后的合作制。

在法律意识只能说初步觉醒、市场还不够成熟的90年代，客户对于法律服务的认识和需求仍相对浅层，需要律师来引导和开发。律师的个人能力越强、人脉越广、为人处世越老道，就越容易在竞争中脱颖而出——如此一来，客户认可的往往是律师本人而非律所，是“律师的客户”更甚于“律所的客户”。在这种前提下，相比个人所更容易吸引人才、发挥团队优势，相比合作所又相对更自由的合伙制律所也就有了流行的土壤。

办一家普通的合伙制律师事务所，只需要三名律师，再签一份合伙协议，拿出30万元，就可以往司法局提交申请了。当然，由于合伙人需要对律所经营承担无限责任，律所的规模一般也难以和动辄数百上千人的公司、企业相比。

而随着法律法规的完善健全、社会法律意识的提高以及律师行业的进一步发展，一些老牌律所逐渐发展到了数百人的规模，旗下拥有数家分支机构。部分律所甚至将眼界放到了海外，开始尝试走国际化路线。

这时，扩张所需要的资金投入、风险管控，就会诱发合伙人们对于律所发展的矛盾：随着合伙人群体的不断扩大，对于承担律所发展支出的看法分歧也不断增多，“人合”越来越难以实现；律所想要跨地域扩张，但对于此举可能带来的风险及管控无法在合伙人层面达成共识。

基于以上情况的限制，“特殊的普通合伙制律所”应运而生。

与普通的合伙制相比，“特普合”除了将人数要求从 3 人提升到 20 人，出资要求从 30 万元提升到 1000 万元以外，最大的特点即是不由全体合伙人承担无限连带责任，由有过错的合伙人承担责任。换句话说，“特普合”下的律所责任和合伙人责任在一定范围内松了绑，这为想要进一步扩大规模乃至进行跨国发展的律所减少了达成共识的阻碍。

2006 年，第十届全国人大常委会第二十三次会议正式将“特殊的普通合伙制”作为新增条款写进《合伙企业法》中，这一组织形式不仅为合伙企业带来了新的生机，也为律所在组织形式的探索上提供了新的思路。次年，第三十次会议正式通过了对《律师法》的第二次修订，将该组织形式规定为律所的新类型，律所组织形式的丰富又一次推动了中国法律服务市场的快速发展。

至 2009 年年底，中国执业律师人数已达 16.6 万人，① 较 2006 年的 13 万余人又增加了 3 万余人，法律服务市场的规模化逐渐加速，规模所的发展潜力隐现。

这股改制的春风同样也刮到了湖南。2009 年，湖南专职律师数量出现了明显的增长，人数已经达到了 5688 人，是律师队伍中的主力军。

---

① 《司法部：截至 2009 年底全国执业律师已达 16.6 万人》，载中国政府网，http://www.gov.cn/jrzg/2010-02/15/content_1535534.htm。

不过，由于改制审批时间过长等各种因素，从2007年《律师法》修改并允许设立特殊的普通合伙制律所一直到2012年年底，即便在作为行业内“火车头”的北京，也仅有5家律所成功进行了改制，① 就更不必说地处内陆的湖南了。

当然，历史一次又一次地告诉我们，再温暾水的环境，也总会有先觉者愿意跳出来打破。

在湖南，天地人又“尝了鲜”——继1997年改革成为“股份合作制律所”后，天地人又于2009年5月19日②正式获得了省司法厅的批复，改制成为湖南第一家特殊的普通合伙制律师事务所。

严格来讲，改“特普合”只是一个契机。1997年施行“股份合作制”后，天地人的发展也并非一帆风顺，而是陆续出现了股东进入与退出困难、程序复杂，导致律师参股积极性降低、人才流失等问题。

翟玉华对此早有盘算：改“特普合”是把盘子做大的一条必经之路，但想要真正解决发展中遭遇的各种问题，只是改改底层，还不够，得更进一步。

这一步，就是“动态股份制”。

以人为本，让股池“动起来”

在原先“股份合作制”的情况下，持股份额通常是固定的，份额增减完全依赖于股东的增持或减持行为，因此很有可能出现律师创收与其持股份额不匹配的现象。同时，天地人改制之初也没有对参股人的身份加以限制，无论是专职律师还是兼职律师都可以成为股东，使律所内部持股人身份不一——在

① 陈可：《通向大所之路：特殊的普通合伙制怎么玩》，载微信公众号“智合”2018年1月4日，https：//mp. weixin. qq. com/s/sZHNV5UvcCE1Z7aLR8DyZw。

② 《湖南省司法厅关于准予湖南天地人律师事务所调整为特殊的普通合伙制律师事务所的批复》，载百度文库2021年11月16日，https：//wenku. baidu. com/view/a2fff7dde55c3b3567ec102de2bd960591c6d976. html。

律所发展早期，这倒是影响不大，但随着合伙人队伍的扩大，无疑会对律所决策产生一定的负面影响。

此外，股东变更需要到相关机构依法办理登记备案手续，导致股东参股与退股都十分困难，最终使股东所持有的份额固化，难以根据实际情况进行灵活调整，后来的优秀律师也很难在股份池中“分一杯羹”，当个人利益无法得到更好的保障，对律所的归属感、处理业务的积极性“总归提不太起来”。

时代变了，原先的股份制度逐渐完成了它的历史使命，随着律所规模化进程的不断推进以及创收的不断增加，已经渐渐有点“跟不上时代”。考虑到种种因素，天地人选择让股份池“动起来”，从而使股东、持股份额等方方面面也更加灵活。

怎么“动”？

从前“静态”的股份制度中，持股的合伙人可以将股份牢牢抓在手中，第三方通常无法干涉，且增减也完全由股东的个人情况决定，不受外力所干扰，股份池是封闭的。而动态股份合伙制的关键词在于“动态”，这意味着该制度下的股份池再也不是一潭死水，也不是被锁在股东手里他人无权干涉的“金丝雀”，而是“流动的、开放的、发展的”，只要符合基本条件的专职律师，都能够参与其中。

通常情况下，制度在制定时应当兼具原则性与灵活性，并且一旦制定了就要执行，而非朝令夕改。在两个基本要素的平衡考量中，过度的原则性将导致灵活性降低，使这一制度无法适应律所及律师的快速发展节奏，很快就被淘汰掉，新制度的制定又需要重新花费大量的成本。如此一来，不如在制度制定之初就突出制度的灵活性以及人性化特征，以顺应律所的发展趋势进行适度调整。因此，天地人围绕“动态”这一关键词，在持股份额、合伙人等级变化、分配制度等方面均做出了灵活规定。

具体而言，持股份额根据合伙人的收益与贡献进行定期增减，是天地人动态股份制度最为鲜明、突出的特征。

“天地人在改制后从‘以资为本’转成‘以人为本’，资本仅仅是一个纽带，其体现在股份的动态的增减上，它的核心是律师的个人贡献，股份增减直接与律师的业绩增长或下降挂钩。”这是翟玉华的看法。

旧时的“以资为本”讲究“固定化”，这恰是企业推动股份制落地的原因之一，股份制足够稳定，能够成为企业快速成长的牢固基石。从天地人1997年改制后的发展来看，股份制使所内的每一位律师都有可能成为股东，使律所在短时间内迅速壮大。截至2020年年底，全国2.27万多家律师事务所中百人所也不过1.08%（约为245家），[①] 但早在2009年，天地人就已经迈入了百人所的行列，其中股份制的作用不容忽视。

然而，原来的股份制带来的“积极性低”“进退机制困难”“贡献与回报不匹配”等问题相当明显，且律所作为一个服务机构，“人”是其最基本的构成要素，想要凸显“人”这一主体在律所中的价值与定位，便需要考虑如何“抓住律师的心”。

动态股份制度的引进便针对前述问题给出了令人满意的答卷。

首先，动态股份制度将“参股”与“合伙人身份”进行紧密连接，设定了购股的门槛，将股东身份限定在“合伙人”范围内，一方面使合伙人手中有股份，进而心中有律所，提高了其对律所的归属感，另一方面也激励律师们发展成为合伙人。此外，这一制度还简化了股东进退手续，并使律所的股份池成为公共平台，股份的增减也不再仅取决于持股人的个人意志，而将业绩作为对每位合伙人持股份额与分红的决定性因素。相比国有企业或银行等金融机构更看重资历的情形，个人能力与业绩是天地人在筛选合伙人时最核心的考量要素。

其次，动态股份制更符合律所发展的需要，更有利于调动积极性，排除消极性。一方面，这种动态是与人的发展变化相匹配的。当合伙人的贡献大了，业绩提升了，股份就相应增加，反之，就相应减少，体现的是以人为本。

---

① 《2020年中国律师事务所发展概况及发展趋势分析》，载产业信息网，https：//www.chyxx.com/industry/202108/970099.html。

另一方面，这种动态具有“吐故纳新”的功能。它既可以把优秀的人才及时地发展为合伙人，吸收为股东，使其享有一定的股份；同时，又可以将那些退化的合伙人清理出合伙人队伍，取消其股东身份，收回其股份，保持合伙人队伍的纯洁性和活力。

在持股份额的增减上，天地人以两年为周期进行考核，而非实时变化，旨在对合伙人保留一定的业绩考察期，并保证参股人员的相对稳定。考核指标中业绩占到了 90% 的绝对比例，另外还含有 10% 的公共服务因素，包括宣传、写文章、培训等，这也是天地人党建活动十分出彩的原因之一。由此看来，动态股份制度一方面提升了合伙人及律师的业务积极性，以求获得与业绩相匹配的回报，同时也能从侧面推动律所的品牌宣传、党建等工作，对于律所品牌打造以及员工归属感、凝聚力的提升亦有不错的促进作用。

升降循序，分配有道

“动态”除了体现在持股份额的变化上，还体现为合伙人的等级变化。

从当前律所的普遍情况来看，律所一般会根据持股/分红与否将合伙人分为权益合伙人、非权益合伙人两级，或者根据资历、创收能力等情况分为初级、高级合伙人，无论按哪种标准，合伙人层级的划分都很少，律师在成为权益合伙人或高级合伙人之后可能面临“升无可升”的局面。但天地人选择跳出常规的权益/非权益、初级/高级的固有思维，将合伙人划分为 10 个等级，数字越大，层级越高，对业务创收能力的要求以及享有的决策、分红权益也随之水涨船高。

为什么要分级？

2009 年改制前，天地人已经有四五十位合伙人，但合伙人之间的业务质量以及业绩水平仍有较大差距，考虑到应当将合伙人的收益、级别与其对律所贡献结合起来，同时为较低等级的合伙人提供上升的通道，分级适时解决了合伙人积极性的问题。

改制后，为进一步划定各级合伙人的权利义务界限，天地人对每一级别的合伙人在律所购置房产等资金使用过程中可提供的出资额上限进行了规定，同时将购股份额与个人年收入水平相关联，以业绩及所内贡献为考察要素，每个级别都对合伙人的资产及可认购的份额、可出资额度做出了具体要求。

此外，修改了原先不限制购股人身份的规定，将购股人的资格要求从“不做限制”限缩为“符合成为合伙人条件”，自此，成为合伙人需要满足两个条件，一是符合成为合伙人的条件，二是认购相应的律所股份。

在分级的前提下，合伙人的级别也是动态变化的，这一变化与前文提到的“持股份额的动态调整”有极高的同步性。以两年为一个考核周期，持股份额与等级同步进行考核，均以业绩和对律所的公共服务为考核要点，最终考核结果汇总成合伙人的“绩效分”，以此评测律师在考核年度内是否达到其所在等级的要求，或升或降或原地休憩，都浓缩在这个绩效分数中。

若有合伙人的绩效分一次性满足向上两级或更高的分数，那么，恭喜你！晋升的等级限制并不死板，一次最多可以晋升 2 级；但与此同时，降级却一次最多只能降 1 级，二者的不对称一方面给了降级的律师一定缓冲时间，避免一次降低多个等级带来的落差过大导致可能的消极怠工的情况，更重要的是，允许“跳级”意味着业务能力强的合伙人能够在满足标准时快速晋升，解决了能力优秀但资历不足导致的能力与职位不匹配的问题。

合伙人体系变了，分配制度自然也得随之进行调整。

分配制度是律所的核心制度，分配是否公平、律师能否获得与其业务质量、数量、参与度等匹配的收益等问题往往是律师最为关心的。好的分配制度应当有利于合伙人合作、有益于增加律所的凝聚力。

在企业中，持股份额往往与分红挂钩，此时便不可避免地谈及分红比例，进而引出分配制度的问题，律所也是如此。一般而言，持股份额与分红比例呈现正相关关系，无论律师当年创收如何，持股比例越高，分红相应的也就越高。而天地人引进的动态股份制度带来了所内分配制度的调整，合伙人律师与非合伙人律师采用不同的分配方式，具体到不同团队之间也有诸多特色，因此天地人的分配制度并非统一的计点制或提成制，而是提出了“合伙人层面原则性统一，非合伙人多套分配制度并行，团队各自灵活设定”的规则。

天地人的合伙人分配制度类似于提成制，但又并非“彻底的”提成制，业绩在收入中是主要影响因素，但不仅需要结合其当年的创收情况，还会根据律所该年度的运转状况、税金等，扣除相应的成本、退休金、所内发展基金后再进行二次分配（这一部分以下简称基本业绩）。此外，合伙人还会获得一定的股份分红。由于天地人购置了自有房产，并且是合伙人一同出资购买的，其他人使用该办公室时相当于合伙人们将办公室“出租”给律所，故合伙人在分红方面所得份额上限为办公场地的租金市值。

若合伙人已带领团队，则需要考虑团队内部各成员的分配。由于每位合伙人在每个案件中的参与程度、贡献程度均不同，天地人没有给每个团队设定统一的分配比例，只是提供了灵活的指导标准，最终分配给团队内合伙人的数额由其自行商议决定。这一分配方式较于统一标准下的分配更为宽松，将该年度所有合伙人在每个案件中的业务参与度也纳入考量因素，并在实际施行过程中不断优化，也因此更为合理和接地气。

在非合伙人方面，天地人的分配方式则与其他律所类似，分为由团队发放固定工资的授薪律师以及按固定比例进行提成的提成律师。但具体到每个团队中又各有不同之处。2009 年改制以前，天地人将提成比例定在 60% 左右，尽管该提成比例当时较其他律所偏低，但律所留存部分也仅为天地人最基本公共运营成本。在营收报税方面，天地人沿袭了一贯的“规范”风格，十分注重税务合规问题，历年税务支出在湖南律所中也都是最高一档，也因此运营成本更高。

“律师还是很愿意留在这儿的，毕竟我们社保、五险一金都给律师交了，给律师还是提供了充分的安全感与归属感的。”负责分管天地人财务的管委会委员熊屹表述。

“脚到哪儿，鞋子就到哪儿”

动态股份制度将持股份额与个人业绩紧密连接，使原有股权结构能够随律所发展情况及合伙人对律所贡献发生动态变化，实际上是为业绩不足的合伙人建立了隐性的退出机制，较传统的股权制度能够更好地实现股权的动态性，更加能体现个人价值，因此，天地人合伙人尤其是老一辈合伙人对该制度予以了相对较高的认同感。天地人的架构设计与分配方式不同于传统的合伙制律所，单单从利益分配上来说就是有总有分的，并且更多地会偏向于每个团队独立承担收益和责任，从源头上减轻了律师“为他人工作”的想法，增加其“为自己工作”的主人翁感受，更能够充分调动律师的积极性。

“天地人是没有真正意义上的老板的，即便是作为创始人的翟玉华律师也不是老板，我想这一点是非常能够吸引人的。”天地人管委会副主任周付生介绍道。

“人”是所有服务行业的基础，律所也不例外，足够的“人才”方能推动发展战略的进一步落地，原先的股份制度导致的人才流失是天地人的痛点之一，动态股份制度则为这一痛点抹上了厚厚一层高效“止痛剂”。天地人自 2009 年改制并引入动态股份制度后，每年都能增长几十人，如今其已经是拥有 500 余名员工的规模大所，这一成果表明动态股份制度很好地解决了人才流失的问题，将有潜力的律师都留在了所内。并且，从天地人这些年的发展来看，其人员晋升多为内生式发展，即从青年律师起步晋升为合伙人的过程，是内部提拔的、纵向的成长，而少有从外部引入其他优秀律师或合伙人的情况。内生性的增长方式使律师及合伙人对律所有深厚的归属感，使他们乐意“做好一名律师，做一名好律师”。因此，无论是公心也好，凝聚力或是具体荣誉感也好，这一制度丰满了天地人的方方面面，使这些精神层面的东西并不是空荡的、缥缈的，而是饱满的、内涵深厚的，推动了律所在各方利益和谐的基础上健康而有活力地运行。

翟玉华认为，制度对于人才流失的作用是预防性的，很难达到根治的效果。天地人如今已经靠动态股份制达到了预防的效果，用好的制度引进了好的人才。

在天地人，采用的是“能者上庸者下”的晋升机制，使律师明晰，本质上他们是在为自己工作，而不是为了别人工作。有多大的能力，就有多大的舞台。动态股份制度配合十级合伙人的级别设置拉高了律师晋升的天花板，甚至可以说，在定期考核的升升落落之下天地人律师的职业成长是没有天花板的，而律师作为一个有十足魅力的职业，其别具一格之处即在于它的界限是无穷，这一界限的划定不仅指的是知识、经验、能力方面的增长，同时在一定层面上也包含身份职务的晋升之路。

诚然，从青年律师到（非权益）合伙人，再到高级（权益）合伙人是一个“路漫漫其修远兮”的过程，但较少的层级划分在一定程度上会使律师有原地踏步之感，天地人在这一方面则通过多层级的划分让律师们更受鼓舞，“吾将上下而求索”带来的成功所给予的激励是非常能够鼓舞人心的。

“动态股份制”之所以能成功，根本原因在于其核心理念——以人为本，根据人的发展阶段变化来设计股份的等级层次，并将与人发展的各种要素有机统一起来。合伙人向上发展，股份就增加，不发展或倒退，股份就减少；股份涨了说明各个发展要素在涨，反之则说明在跌，合伙人可以以此来判断当前自己的发展现状、规划未来的发展方向。“脚到哪儿，鞋子就要到哪儿，这才符合事物的发展规律。”

动态股份制度调动了律师的积极性，从整体上为律师打通了上升通道，天地人所内诸多团队的领头人也在其团队内部选择了与动态股份制类似的晋升方式以及分配方式对其团队进行管理。

在天地人副主任唐学锋看来：“团队内也要有上升通道，让律师感觉到他不是在纯粹地‘打工’，这样可以增加他的责任感。同时，团队内部的分配机制也非常有讲究，它就是一个杠杆，把它运营好了，不仅仅是团队内部，律所才能真正成为一个整体，制度的指挥棒作用才能真正发挥起来。”

除开律所层面的合伙人外，唐学锋还在团队层面设置了“团队合伙人”一角，对于团队内能力强、有责任感、有担当的律师进行提拔，成为“团队合伙人”并参照股东年底分红的模式进行分配，即根据团队业绩提成。非团队合伙人则使用传统的授薪制。唐学锋的团队成员架构共设定三级，依次为授薪制律师—团队合伙人（业绩利润分成）—团队负责人（唐学锋本人）。团队合伙人的进出机制也是灵活的，签订了合同之后仍然可以进出。

在分配制度方面，唐学锋的团队也与律所类似，首先结算团队1年的成本，扣除后对团队合伙人进行分配，比例通常情况下是固定的，但同时也要考量团队合伙人在该年度拓展的客户、业务质量、数量等进行确定，整体而言分配情况也是动态变化的。

“我们一定要了解律师的目标和理想，不论是在律所也好，行业也好，都要为他们提供一个上升通道，并且要帮助他达成。”唐学锋补充道。

到人民大会堂做报告

动态股份制的实施，进一步激活了天地人律师的律所建设热情：一方面，这直接表现在律师普遍开始努力将专业做深、将服务做好；另一方面，由于管理等其他因素在股份制评价体系中的权重上升，愿意主动从事管理工作，或参与律所党建、外部公益活动的律师也越来越多——久而久之，天地人的名号在社会公益层面越打越响，律所建设、运营成果也博得了越来越多的认可和鼓励。

2011年，湖南省律师行业按省委统一部署深入推进创先争优活动的开展。由于动态股份制实施后发展年年上台阶，公益、党建也越做越好，天地人在创先争优活动中成绩亮眼，党支部还被推举为创先争优活动省级示范点候选单位。

当年5月，天地人党支部升格为党总支，下设3个党支部。适逢司法部召开中南片区“创先争优”座谈会，天地人被选为律所代表，由翟玉华在会上做典型发言并分享经验。6月，天地人又先后被中共湖南省委、中共湖南省司法厅党组授予“先进基层党组织”称号。

6月30日，全国司法厅局长会在井冈山召开，会上多家机构作为“创先争优典型”，天地人是其中第一家发言的律所。8月，党总支书记翟玉华在湖南全省“两新”组织电视电话会上做“创先争优”先进典型发言。

到了11月，司法部要向中央政法委汇报，天地人再次作为律师事务所代表，由翟玉华千里奔赴人民大会堂做汇报——毫无疑问，这代表天地人过往为党建、为公益所投注的心血、付诸的努力得到了行业内几乎最高层次的认可。

谁能没有“私心”呢

当然，即便取得了赫赫成绩，“动态股份制”也绝非一种完美的制度：除了要求合伙人大气、包容、甘于奉献外，股份的分散往往也会导致话语权的旁落，处理不好就会影响律所决策效率和实际执行力——如果决策时真理恰好没有掌握在多数人手里，怎么办?

在和一家南昌律所的主任进行交流时，对方就向翟玉华提出过这个问题：“没有绝对的股权，管理者怎么确保对律所的控制力呢?”

当时，翟玉华给出的答案是：靠决策力、行动力以及人格魅力。天地人并非翟玉华的“一言堂”，大家之所以愿意听他的，靠的正是过往积累下来的人格魅力。过往的发展历程中，翟玉华作出的决策时常会受到一些合伙人的反对，无论决策是否施行，过后的事实往往会证明他眼光之正确——一次次验证下来，才建立起其他合伙人对翟玉华的认可。

人是一种社会生物，也因此，凭着代代演化的组织协调性，人类得以逐步站在了食物链顶端。但社会发展程度越深，个体认知的觉醒程度越高，个体意识与群体意识的分歧和割裂就越发突出——在律所中，很容易就会发现，想要用一套制度“驯服”这些热爱自由的律师们并博得他们的认可，非天时地利人和兼具不可以实现。

“天时”好说——时机到了，你就得行动。无论是为了拿下更多的创收、甩开紧跟的同行，还是顺应时代、行业和国家政策的潮流和趋势，律所都没有理由不做好自身的制度建设。尤其对绝大多数律所而言，管理就是管合伙人——合伙人蛋糕分好了，队伍就能稳定，客户就能服务好，律所的未来发展才有底气。

“地利”也不难理解，律所说到底还是市场竞争的产物，而竞争是催生突破和进化的源动力——在区域法律服务市场中逐渐找到自己的路，走上发展快车道，身处其中的律所自然也需要在日新月异的竞争格局下找准自己的优势和定位。

唯独“人和”是绝大多数律所存续的最重要也是唯一可控的要素：只有一群理念相同、目标一致，且能够相互扶携、相互包容的人，才有可能在同一条路上走得尽可能远。

所以，律所们尝试了各种办法去实现人和。有的用“先进制度”，有的用“合伙人文化”……八仙过海，各显神通。

对应到天地人，全所上下好几百号人，合伙人一百多位，做起管理来实在不是一件容易的事情，要众人认可一项业内尚缺先例的制度更是难上加难。但鲜见有天地人律师对动态股份制度以及分级制度的合理性予以质疑，在分配制度上即便多类并行也井然有序，甚至有律师笑道：“我们团队所有的业务，合伙人之间是不算账的，都平分，律师就发工资。要说起来，就是大锅饭＋拍脑门＋用脚投票决定分配的具体情况，日常多一些少一些都不要紧。”

天地人的动态股份制取得成功后，并非没有律所尝试过吸收引进，但往往会发现兼容性并不高。其中一个重要原因是，动态股份制的“动”，天然要求合伙人愿意主动放弃一些个人利益，且从以人为本的角度出发。

为什么？

“大概，是因为翟主任没什么私心吧！”有律师半开玩笑地回答。

谁能没有私心呢？但从翟玉华自己的人生经历来看，他出来做律师、开律所的目的非常单纯，在近30年后的今天看来甚至可能有些令人费解——为了实现公平正义。此后，翟玉华所做的一切，要么是从推动社会公平正义出发，要么是从将天地人本身打造成一个好平台出发。

用律师们的话说，这是翟玉华主任的“个人魅力”。

几乎所有律师都认为，翟玉华是一个非常无私的人，“不贪心”是他最朴实的标签。作为律所的创始人和灵魂人物，翟玉华认为，并不一定律所规模越大，就越能给客户提供好的服务，而往往是因为律所服务的品质极佳，才被称为“一流”——这恰恰也是天地人的目标。因此，翟玉华始终将成为行业与社会发展的积极力量作为天地人健康发展的目的之一。

纵然“天下熙熙，皆为利来；天下攘攘，皆为利往”，但金钱收益从来不是翟玉华的最终目的。这决定了天地人管理所采取的动态股份制度也好，分级制度也罢，抑或是多套并行的分配制度，都是为了吸引更多的优质人才，从而推动天地人业务的高质量发展，使律所始终朝着“一流服务”的目标疾驰不停。

对于翟玉华，天地人投资与并购部主任游艺赞道：“翟主任是一位非常睿智、有远见的资深律师。”而管委会委员邹红艳则认为：“翟主任有情怀，不畏强权，对正义非常坚持。他是一位非常有勇气的人，这真的是非常难得的品质。”

另外，这些对翟玉华褒奖有嘉的律师却耻于提出自己自私的想法。他们有的已经意识到，如果不是有和翟玉华类似的“无争”“公大于私”等特质，他们也不一定能一直团结在一起，进而构成“天地人”这个在客户群体享有口碑的律所品牌。

在更早期，天地人可能更多打上了翟玉华的个人烙印，但行至30周年，单靠个人的魅力早已不足以维持一家律所的后续发展——知名大所如金杜、中伦等也相继迎来了管理层的“交接班”，对于天地人而言，一个人的优秀特质扩散到更多人身上，只会是件好事。

谁能没有私心呢？但只要对于“公”的坚持始终大于对于“私”的固执，团队就仍然会走在持续的上坡路上；只要继续坚持以人为核心，机构就没有发展天花板。

第八章

铸造律所灵魂

一家机构的“灵魂”是什么?

对于天地人来说，这个答案显而易见——文化。在“以人为本”思路的指引下，公益是发挥律所价值的最佳渠道，党建是组织、凝聚律师群体的核心力量，文化则是将这一切相关要素糅合在一起的“粘合剂”，是打造整体力量所不可或缺的载体。也因此，在天地人的组织架构体系下，文化起着“铸造律所灵魂”的关键性作用。

合伙人行为准则

动态股份制应用后，天地人走上发展快车道，每年都会新增数十名新人。人多，氛围又偏向开放自由，各种思想流派、行为方式也自然都有了生存之地——其中有好的，自然也有坏的，个人主义等不良习气开始冒头。

最明显的体现就在管理决策上。2008 年以后，天地人的合伙人体系就实现了完全制度化，但显然这并不意味着可以高枕无忧——且不说每套成功的管理体系都需要经过漫长的时间和茫茫的考验才能“烈火出真金”，在设置好制度后，如何不断完善既有管理体系，充分调动管理者的积极性，让优秀的管理人才能够脱颖而出，很快就成为改为合伙制后天地人所面临的新课题。

最开始，天地人管理层更迭的方式主要是靠上一届管委会成员推选下一届管委会成员。这种“家长制”显然不够科学——大家都按自己的考量选，唯一的限制仅仅是虚无缥缈的“良心”，结果就是推选来推选去，来来回回就那么几个人，“老人团”把握了话语权，新生力量自然也就无从出头。

意识到问题后，翟玉华等人开始思考解决方案。很快，第二套法子被推了出来：为了体现民主与公平，管委会成员改为先由合伙人推荐人选，然后进行差额选举。但之后出现的新问题还是令他们大失所望：为了成功当选，所里出现了好几个不同的利益团体，团体间相互博弈、拉帮结派，不仅没能实现“选贤与能”的初衷，反而整得所里钩心斗角，降低了大家参加管理的积极性。

革命尚未成功，“同志们”选择继续调整。搞“小团体”的现象愈演愈烈后，天地人第三次修改章程，在第二种模式的基础上，改由几位合伙人联合推荐人选，一方面用多位老合伙人的口碑来给新人进行背书，另一方面也通过多方的考察降低利益交叉的可能性。

然而，上有政策下有对策。有的人一开始不推荐，等到要选的时候，倏地冒出来，打管理层一个措手不及；或者所里公开决策的时候不发表意见，私下却在律师群体中煽风点火，指令一些人阳奉阴违。

到了2015年，这种现象已经严重到管理层的大多数人逐渐形成一个共识：这样下去，不太行，没有规矩，还是不成方圆。甚至在确定要买楷林国际的楼，流程已经走到签协议时，所里还是有各种各样的非议。

2015年7月，管理层出资，召集全体合伙人一块到某个景区度假，并在此专门召开了会议，“打开天窗说亮话”，把问题拎到台面上来讨论。“我们讨论了很多次，最后明确了关键性的一点：管理层做管理，为的是把律所建设好，打造一个可供大家共同发展的平台。要实现这样的目标，就得在管理层、监事会以及合伙人层面定规立矩，既是约束，也是敦促，从而提高律所的管理质效。”翟玉华如是说。

依照会议精神和达成的共识，合伙人大会给管委会、监事会成员打造了八项行为准则，对不遵守规定的成员予以清退。又给合伙人起草了六条行为准则。

这六条准则是合伙人的行为底线，只要违反其中任何一项，律所就可以勒令其退伙。即便合伙人不愿意自行退伙，依据规定，所里也有权对其股份进行冻结。

1. 忠诚本所事业，维护本所利益。它指对本所事业忠心耿耿，不得有二心，把本所利益放在首位，一切以本所利益为重，个人利益服从集体利益，局部利益服从全局利益，不得损害本所利益。

2. 遵守职业道德和执业纪律，不得违法违纪执业。它指诚信执业、规范执业，守住职业道德和执业纪律的底线，不搞钱权交易，不做损害律师形象的事。

3. 遵守本所规章制度，执行本所决议，不得懈怠、抵制。它指熟悉本所规章制度，按规章制度办事，执行本所的有关决议，不应付、不怠于执行，更不得阳奉阴违，进行抵制。

4. 按时出席本所会议，不得随意缺席、迟到、早退。它指没有不可抗力或特殊情况，都应按时出席相关会议，不迟到、早退。

5. 完成合伙人工作任务。它指完成本所规定的工作任务，包括创收、管理、公共事务以及完成本所管理委员会、监事会和业务部任务。

6. 维护本所团结，不得拉帮结派，不得搞团团伙伙。它指一切都要有利于团结，团结全所工作人员，不得在本所拉山头，不得搞宗派，不得搞所中之所。

合伙人严重违反前述行为准则之一的，管理委员会和监事会有权启动相关程序，劝其退伙，或者提请召开合伙人会议取消其合伙人资格，或者冻结其股份。简简单单的六条准则，简明干练地梳理出天地人律师需要遵循的核心原则，同时又提出了明确的惩戒方法。

此外，天地人还出台了管理层八项规定：

1. 忠诚本所事业，维护本所利益，勇于担当。

2. 克己奉公，不谋私利，不徇私情。

3. 光明磊落，襟怀坦荡，不得两面三刀，不得搬弄是非。

4. 相互尊重，相互信任，不得诋毁他人。

5. 夙夜在公，恪尽职守，不得缓作为、不作为。

6. 会上充分发表意见，建言献策；会后应当维护会议决议的权威性，不得发表与决议不相符的言论。

7. 带头执行本所决议、制度，率先垂范，不得懈怠抵制甚至实施与本所的决议、制度相悖的行为。

8. 维护本所团队，不得拉帮结派、搞团团伙伙。

这样一来，天地人得以真正实现从制度层面将管理层、合伙人约束起来。

天地人的核心价值观

合伙人准则出台后，所里的风气有了不小的改变。

但只有制度，显然还不太够。

“制度是硬性标准，每个人都需要去遵守它。”翟玉华表示，“但你只有制度，那也不太行，如果不能让大家信服和认同，制度也就是个空架子。文化思想建设也很重要，搞不好容易红旗落地。为此，一定要用统一的、能让全体成员认可的价值观将大家团结起来。”

文化、价值观不能独立存在，要打造文化，就得先明确律所的发展方向和发展理念。经过不断探讨和提炼，天地人提出了“专业、品牌、开放、创新、共赢”的律所发展理念。发展理念决定发展方向和路径，我们必须明确和坚定自己的发展理念。我们的发展理念为：专业、品牌、开放、创新、共赢。

专业，不仅指律师服务业务，而且包括行政管理等方面的工作，它不仅指实体，也包括了程序。专业是对律所发展方向的要求，也是对律所各部门、各团队和全体工作人员的要求，不仅是对业务竞争的要求，也是对全所工作的要求，它是一种工作状态，一种工作标准，也是一种必需的工作态度。天地人的工作必须专业化。同时，提出了六项要求：一要提高对专业的认识，集中力量攻这个突破口；二要进行专业引领，采取各种有效措施；三要集中力量扶持专业律师、专业团队快速成长；四要进行全面规划，做到有序发展；五要完善专业发展管理制度，保障专业发展；六要加强对专业发展的研究，创新和提高专业产品，占领专业制高点。翟玉华说："专业是我们的谋生手段，也是我们的饭碗，每个人要把饭碗端稳，就不得不在专业上下功夫，有了专业，你就有了竞争力，有了专业，你就有了主动性，有了专业，你就有了难以枯竭的源泉，它不但是你的力量，而且是你的尊严。每个人必须重视自己的专业，争取做专业强手。"

品牌是形象，也是律师事务所和律师发展的重要战略资源。要打造品牌，一是要把律所工作按专业的要求来做，品牌的专业，首先是工作内容的专业，专业品牌不是包装出来的，而是内容本身就专业。二是要让律所工作都上升为一定的标准和流程。实体上和程序上的标准，这就是专业的基本表达。三是要形成打造专业品牌和服务品牌的氛围，强调打造品牌必要的氛围。天地人要从主客观两个方面营造生成专业品牌的浓烈氛围。四是要通过一定的载体和形式打造品牌。这里着重规定了打造专业品牌的方式方法及其实施途径。五是要参与各类评优评奖和国际国内高水平的评级活动。这里明确了专业品牌的形式表达。六是要加强品牌建设管理。品牌是一个形式感很强的法器，强调精雕细刻的管理。翟玉华表示："品牌犹如一座精美的大厦，美在外表，而支撑外表的是那一砖一瓦的材料和一笔一画的工艺，没有材料和工艺，精美的外表将无以依附，可见，品牌是干出来，不是装饰出来的。"

开放就是要打开眼界，敞开胸怀，不断向别人学习，借鉴别人的长处。这一理念强调：要有开放的心态，坚持不断开放，不画地为牢，不做井底之蛙，不墨守成规；要善于学习借鉴，要善于学习新知识、新经验、新技术，取长补短，使自己走到行业前列，做行业和时代的领跑者；要走出去请进来，与最优秀的人和最先进的企业、同行保持互动，通过互动来了解世界，了解同行，同时，汲取别人的优点来武装自己，为自己的成长源源不断地提供营养。翟玉华说：“开放就是放眼看世界，敞开心扉吸收新鲜空气，来营养自己，武装自己，使自己站得更高，看得更远，走得更快，行得更稳。一个闭目塞听、自以为是的人很难有大的作为。”

创新就是要求新求变，改变既有，开创未来。要求加快改革创新，对内要强筋骨，添活力，整合资源，激发潜力，对外结良缘，问良策，融资融智，为律师事务所和律师的发展创造更好条件和环境。要求不断创新工作方式、经营和管理方式，不断创新产品；要求创新要聚焦关键问题、关键环节。在律所合伙人作用发挥不充分，业务专业不突出，市场拓展乏力，律师狼性不够，客户和律师满意度不够等关键问题，应是创新所要着力解决的问题；要求创新要出奇招、新招，明确要依靠团队，要善于借鉴创新，要不断完善和创新现有制度和工作模式，关键是要有新动能、新效益、新发展，要对创新赋予新的活力、新的生命。翟玉华说：“创新是一种思维，是一种能力，也是一种竞争力。创新不是赶时髦，而是要推陈出新，要有新方法、新工艺、新流程、新产品，做到质更优，价更廉，更受消费者喜爱，更具有竞争力。创新，是实现服务能力和服务品质差异化的根本之道。你想成为王者，你就应该加快创新，不断把创新推向新的阶段。”

共赢的本质是命运共同体，即你中有我、我中有你，彼此利益攸关，命运相连。强调共赢是篇大文章，做好的标志就是天地人客户的圈子尤其是大客户的圈子大大的，天地人的合作伙伴多多的。因此，强调要摆正好与客户、合作伙伴的位置，要把客户利益、合作伙伴的利益放在首位，要考虑客户和合作伙伴的回报，要互惠互利、合作共赢，增强他们的体验感；共赢要从投入开始，让客户和合作伙伴受益，要善于投入、勇于投入，不要一事当先，先替自己考虑，更不能给客户和合作伙伴设陷阱；共赢要从管理入手，要善于倾听客户和合作伙伴的意见，要注意与客户、合作伙伴保持正常的交流沟通，回应他们的诉求，及时妥善处理他们对律师的投诉，维护他们的合法权益。

翟玉华主任说："共赢的核心在于怎么做人，怎么处理与同事、客户、合作伙伴以及社会公众的利益关系。人人都关注利益，问题在于你是独吞还是共享，是一方吞并另一方，还是彼此照顾、相互成就。我们要做强做大自己的事业，必须共赢，与同事、与客户、与合作伙伴、与社会共赢，让自己的合作伙伴更多，道路越来越宽广，事业越来越兴旺!"

法律服务是专业服务。专业创造效益，专业创造价值。专业必须专、精，并力求极致。律师服务要专业，伴随的市场拓展、品牌宣传、人力资源、客户服务、知识管理等行政管理更要专业。品牌是律师事务所的形象，影响力和经久不衰的资源。品牌需要从律师服务和行政管理的每一个细节入手，需要借助一定的传播手段进行传播，深入人心。开放是一种胸怀，是一种境界，更是一种与世界互动、交流、交换的平台。要通过开放，走出去，请进来，不断扩大视野，获取新的信息和资源，做大服务网络，提高服务能力，永远需要这样的平台。创新是发展的法宝。我们需要不断地对产品创新（包括产品种类、形式的创新），服务创新和管理创新，不墨守成规，也不故步自封，使我们的服务和管理永远充满活力，充满生机。共赢就是合作共赢。我们的事业需要各方面的合作，必须坚持互惠互利，相互合作，利益共享。同事之间要共赢，集体内部要共赢，而且与客户、与社会都要共赢。

对于律师而言，做好专业就是打造品牌，品牌就意味着影响力，想要拓展影响力，就必须秉持开放的态度，坚持不断创新，抱着共赢的态度与客户、同行相处——格局打开，路才能走宽。最终，这套发展理念由合伙人会议审议通过，既是对天地人过往成果的总结与梳理，也是对未来方向的展望和锚定。

此后，依照发展理念所倡导的方向，天地人将律所的核心价值观定为"责任、担当、大气、友善、卓越"这五组词。核心价值观中责任讲的是属于哪一家的问题，担当讲的是什么品格的问题，大气讲的是胸怀的问题，那么，友善讲的则是情怀的问题。相对于确定路线的发展理念而言，价值观所起到的作用更多的是确保成员能够规范、长久地循着既定路线前进。

责任是一种做人的态度、做人的境界和做人道德情操的高度的行为表达。天地人规定的责任，包括家庭责任、职业责任、集体责任和社会责任等。一个有作为的律师，应当有强烈的责任感。明确提出，律师作为中国特色社会主义法律工作者，首先要讲政治，要有强烈的政治意识。律师要讲政治，是由职业本身的属性决定的。天地人必须旗帜鲜明地讲政治，旗帜鲜明地坚持中国共产党的领导，不能触碰政治底线；要严格遵守职业道德和执业纪律，不能触碰职业道德和执业纪律红线；要严格执行本所规章制度，对于严重违反职业道德和执业纪律、严重违反本所规章制度的行为将予以严肃追究。同时，要依法执业，要承担更多社会责任，坚持法律底线，不搞钱权、色权交易，要开展更多法律援助活动。翟玉华说："责任这种价值观看似很抽象，实际上非常具体，什么样的责任感会体现在人们的一言一行中，在每一个情景中都能不同程度地反映人们的责任感。你对家庭成员、对你工作的单位是否关心，对客户是否尽心尽力，对社会是否有爱心等，都在一定程度上反映了你的责任心。责任心强不但出感情、出境界，而且会产生伟大的事业，没有责任心的人不但人影孤独，而且将一事无成。责任是人感情的源泉，是人资源的源泉，是人事业的源泉，也是人财富的源泉，更是人成功的根本保证。你要想成功，你就必须学会尽责任，为家庭尽责任，为团队尽责任，为事业尽责任，为社会尽责任。成功永远属于尽责任的你，属于尽责任的我们英雄的群体!"

担当，不但指责任使命的自我意识，而且是指滚滚铁流的气概，力拔千钧的能量，以及舍我其谁的角色定位。要担当就要有责任心，把本所集体的事，事关社会重大利益的事，都作为自己的事，主动作为，不推卸责任；要担当，就要投身于本所事业，积极建言献策，乐于奉献，勇挑重担；要担当，关键时候就要能站出来，不退缩，不讲条件，经得起考验，在困难面前，迎难而上，在危难时刻，临危不惧，奋勇向前。翟玉华说："担当不仅是一种勇气，一种力量，而且是一种高贵的品格。这就是脊梁的品格。我们要建一流的律师服务品牌大厦，需要无数有担当自觉的脊梁，需要顶天立地的律师群体和不屈服、泰山压顶不弯腰的韧劲。难道天地人律师事务所的律师不正是具有这种品格的人吗?”

大气是指人的心胸与境界，它应有碧波连天的大海的宽广，它应有浩瀚无边的天空的深邃，也应有富有万种风情的宇宙的空灵。要有胸怀，有眼光，凡事要看得开，容得下人，目光长远，不为小事所惑；强调要吃得亏，吃亏是福，要讲奉献，要善于妥协退让，不必事事斤斤计较。翟玉华说：“大气与小气虽只是一字之差，但是两种完全不同的境界和品位，检验这种境界和品位高低的试金石就是利益。但凡人都需要利益，问题是如何看待利益和取得利益。大气的人看得高远，善于谋大事，谋大利，但绝不是不要利益，只是不急功近利，不贪不义之利。这种人目光远大，心胸开阔，必能成大势，办大事，获大利；小气之人，鼠目寸光，凡利就争，有利就贪，把个人利益看得高于一切。这种人心胸狭窄，往往会伤害别人，甚至误入歧途，不可能有大作为。我们要实现自己的梦想，要干成大事业，就要大气，就要靠人人之大气汇成全所滔滔之大气，以滔滔之大气铸造成天地人律师服务品牌巍巍之大厦。”

友善是一种做人的姿态，也是一种善良美好的内心表达。首先要和谐，干事业要有一种良好的人际关系，和睦相处，彼此配合；强调要相互关心爱护，情同兄弟姐妹，同甘共苦，并肩战斗；强调讲团结，不做有损团结的事，不说有损团结的话，拧成一股绳，“人心齐，泰山移”。翟玉华说：“友善不仅是一种做人的态度，它也是事业的一种凝固剂。任何细小的东西，一旦凝聚起来就可以无坚不摧，所向披靡。我们要建成一流律师服务品牌，也必须和谐协调，相互拥抱，团结一致，形成强大的战斗力。在外，要战胜强敌，在内，则必须友善。”

卓越是一种非常优秀的状态，是人们对超乎常人的美好结局的向往和追求。一个人要追求卓越，一个团队或者一个集体也要追求卓越，这不仅仅是人们的心理需要，也是事物发展的内在规律，事物总是在从低级向高级发展，人们也是在从平庸向卓越不断攀升。卓越犹如一座丰碑，让人倾倒；卓越也如一座高山，从平地向万仞巅峰攀升，同时，它也像一江滔滔春水，翻滚向前。一要不断努力，争取做得更好；二要戒骄戒躁，永不自满，不断攀登，永不停步。翟玉华说："卓越有三种境界：一是作为人们心中的偶像，朝思暮想，要追求它；二是作为人们奋斗的进程，跋涉着，攀登着，不辞千辛万苦，向着卓越的光辉顶点努力冲刺；三是作为人们的一种境界，工作已经很优秀了，还要争取更加优秀，精益求精，追求极致，永远在路上。每个人都有卓越的梦想，但都需要脚踏实地，一步一个脚印，从高处着眼，从低处着手，聚精会神，目不斜视，向着心中的伟大目标冲刺，不达目的，决不罢休，有了卓越的精神，必有卓越的硕果。"

确定这十个字的核心价值观，以及十个字的发展理念，天地人在装修办公室时，特意将其以浮字形式印在了律所 11 楼办公区的主要过道一侧——每每经过，都会促使天地人律师自觉不自觉地完成一次内心审视，让这段内在要求更加深入人心。

荣誉室的价值指引

与许多律所将荣誉奖牌摆在大厅或工区不同，天地人在 11 楼临江那面风景最好的位置专门开辟了一个房间，作为"荣誉展示室"，一室多用，以小见大，着力打造"崇尚荣誉、凝聚人心、赓续传统"的教育基地。

进门就能看见毛主席半身像，以及墙面上"为人民服务"五个大字——这也呼应天地人一以贯之的立所理念。人民律师最本质的特征就是全心全意为人民服务，最根本的任务就是依法维护人民群众合法权益。贯彻以人民为中心的服务理念，是新时代做好律师服务工作的出发点、落脚点。作为律师，就是要提高专业化服务能力，立足人民，贡献社会，依法维护人民群众的合法权益。

以一般眼光看来，这未免有些过于“形式主义”和“摆阔气”。实际上，天地人的目的并不那么“单纯”，荣誉室当然是对外展示律所实力的一个窗口，但天地人更希望实现的是其对内的那部分职能。

荣誉室的中心，以围桌的形式错落有致地陈列天地人获得的荣誉牌匾：部级文明律师事务所、全国优秀律师事务所等，正对围桌的墙面上，印有历任管委会成员和年度评选中的优胜者、获奖者——荣誉的评选标准恰恰依循了天地人的核心价值观。

天地人谢沁律师怀揣法律职业的梦想，执业20年，坚持专业为本、以疑难民商事纠纷的处理作为主攻方向，承办各类民商事纠纷逾700件，无一投诉。2021年，谢沁担任岳麓区第六届政协委员。她说，“作为一名新的政协委员，我希望发挥自己的专业特长来参政议政，替广大群众发声……”作为一名律师，谢沁的本职工作已经很繁忙了，但她仍然积极参加各类社会公益活动，通过无偿担任湖南省优化经济发展环境援助中心律师、湖南省总工会职工维权律师团律师、社区法律顾问，积极承担法律援助案件；并多次无偿参与湖南省重点企业的疑难纠纷专家论证会，提供专家意见，助力湖南省重点企业维权。情怀在心，责任在肩。谢沁律师深耕专业，服务为民，助力法治建设，同时建言献策，为民发声，履行着一名政协委员的职责和使命，为推进湘江新区经济社会发展贡献自己的力量。

天地人的荣誉室里陈设有几百位像谢沁律师一样克己奉公、全心全意为人民服务的律师的荣誉，他们用专业成就人生辉煌，他们用无私大爱托起了明天的希望，他们无疑是当代律师中的优秀代表，将初心始发的信仰坚守一生，并将其供养出闪闪发光的心灵，是平凡世界中伟大的存在。日拱一卒，功不唐捐。在他们心中，法治神圣，使命光荣，他们将继续高擎心中的法治梦想，让更多普通百姓感受到公平正义的阳光，感受到中国法治的温暖！

此外，荣誉室对外也向客户、向行业领导乃至向所内律师和工作人员的家属展示律所的实力，让他们能够对天地人的品牌产生认同、信赖，但与此同时，天地人亦希望所内律师和工作人员能够通过荣誉室来建立起对于律所平台、对于自身的认可，并借由荣誉室这一具象载体，将这种认可更大胆、更自然地表现在日常生活之中——一个细节是，无论什么时候步入荣誉室，里边基本都处于近似“一尘不染”的状态，足见天地人对其维护得上心。

而对于荣誉室的表现和思路体现出了天地人对内的价值指引：天地人会铭记每一位为律所做过贡献的人。

有人可能会问：能获得荣誉的，往往不都是业务做得好的人？如果天地人挂在荣誉室的基本都是业务先进人士，那又怎么衡量那些做“隐性贡献”的人的成果呢？

天地人并不是没有想到这点——他们的解决方式是在评价体系中做出改革。

把公益、党建纳入评价体系

律所是商业机构，机构中的律师通过向客户或当事人提供专业服务来收取报酬——这是绝大多数律所的运营逻辑。也正因如此，律所、律师的知名度和影响力越高，其客户来源也就越广，这构成了律所建设和持续经营自身品牌的源动力。

在律所的品牌建设中，专业是形成品牌效应的基础与核心，但仅有基础还不够，还需要有其他辅助，让在巷子里的酒香能飘得更远。

以往，党建、公益往往被视作品牌建设的一部分，但在天地人，如果仅仅把“党建＋公益”视作品牌建设的“左膀右臂”，显然过于狭隘——不如说，这一理念早已演化成天地人整体文化中的一部分，从背后催动律所独有文化氛围的形成。

如何理解？想要将抽象的文化落实做实，不可能只靠喊口号，还需要实际的抓手与相应的保障。天地人的做法是建立一套综合性的评价系统，为了更好地评价律师个体所产生的经济利益、社会利益，将公益、党建这些抽象概念都借由各种量化指标具象化，和业务、创收摆在一块进行评价。律师参与律所管理、进行党建活动、开展法律援助乃至公益献血都可以向律所进行申报，由行政人员根据专门的积分制度予以评估并计分，这些积分最终都会转化为实际激励或与合伙人升降级、任职免职等挂钩。

由于综合评价系统与律师分配直接挂钩，激励为主，处罚为辅，评上先进也代表获得对应的经济利益，这使整套系统发挥出强大的影响力。

由于天地人的办公室是免费向律师开放的，为了让每位律师尽量获得平等待遇，每两年会轮换一次办公室，律师按考评结果列出名次，排名前列的就可以优先选自己想要的办公室。难得的是，从来没见过谁因为这事儿红过脸。比如，A 这两年业绩好，选了 B 原本的办公室，A 就会跑去客客气气地说一句："对不起，今年我可能要选你这间办公室。"B 也会自觉去选另一间办公室，都是商量妥当后安安静静搬家，也不会拿"免得大家都麻烦"这样的托词来推诿扯皮。

业务层面也是如此。律所规模一大，从事同一业务领域的律师自然而然就会增多，利益冲突就会随之产生。天地人素来是按业务申报顺序评定，谁第一个申报了这项业务，就会成为第一申报人，其他人看到了，就自觉避开竞争——制度固然是基础保障，但如果不是人人都有规则意识乃至可能出让自己的那一部分利益，选择不遵守甚至破坏规矩，就难以成方圆。

另一个例子也很直观。2017 年，在党委号召下，天地人建起了律所层面的"爱心基金"——完全由律师自愿向基金捐款，在律所员工遭遇重大变故、生活困难时提供帮助。截至 2021 年年底，爱心基金累计吸收了将近 40 万元人民币资金，并为所内员工提供了超过 10 万元支持。

于天地人而言，党建、公益和文化也许已经不是简单的"并列"或"因果"关系，而是同属律所本身的一部分——也许这才是为什么天地人能把"党建 + 公益"做久、做实，真正成为湖南律师行业的"排头兵"。

党建工作放异彩：党建立新功，工青妇放光彩

随着天地人党建工作的深化，其在工会、青年工作、妇女工作方面的价值也一步步凸显出来。

工会不必多说，天地人的工会承担为所内人员服务的海量工作，如没有其中党员律师起到中流砥柱作用，顶着巨大工作压力为大家谋求福祉，工会绝不会获得如今的高认可度。

早在2001年，天地人就组建了工会。工会不仅帮员工解决各种各样的工作生活困难，还担负“让律师、员工生活丰富多彩”的重要“使命”。

“举个例子，零几年那会，天地人还有过年团拜会的传统，律师、员工带着家属，一大帮人包下酒店或者农家乐，早上寻宝，中午聚餐，下午再尽情地玩，特别热闹。”已是工会第四任主席的谌朝敏回忆，“这前后工会就忙起来了，又要联系场地，又要准备礼品，又要安排家属，甚至会上分发给每位家属的乡下土猪肉，都是我们跑去实地勘探，盯着别人准备好再送到活动场地的。”

因为团拜会会捎上家属，小孩子也很多。为了让这些小朋友玩得开心，工会还要费尽心思提前一天把棒棒糖、小玩具、水彩笔、油画棒等各种各样的“宝藏”藏在活动驻地，这样才能让小朋友们有事可干。“有的小朋友找不到礼物，急得直哭，这时候，我们就会偷偷掏出准备好的备用礼品，趁他们不注意，往地上一抛：看，这里有宝藏！”谌朝敏表示，“看着大家其乐融融、皆大欢喜的样子，就很开心”。

当然，享受福利的不只有小孩子，大人们也有份。往年人少的时候，工会就“内部评选”，比如，会挑些大家公认好吃的牛羊肉、坚果礼盒，精心包装好送到大家家里。后来，所里年轻人越来越多，有些人对牛羊肉、坚果完全不感兴趣，工会就推出了“ABC套餐”，按不同群体的喜好分门别类：

有针对年轻女性的小零食包，有针对已婚男人的家居套，甚至还有给情人节预备的巧克力礼盒，全凭大家喜好挑选。

再后来，工会也越来越不满足于团拜会，开始组织起联欢晚会。一开始还只是简单地自己搭舞台、排节目，随着人员越来越多，农家乐的场地就不够用了，此后一度在酒店甚至国金中心包场举办晚会。

“这两年不是疫情来了么，我们就又做了个创新，在C栋4楼我们的办公区架起两台摄像机，办了一场线上年会。”谌朝敏说道。两个频道同时上线，这头劲歌热舞、那头相声小品，好不热闹，虽然只是所里自娱自乐的产物，但事后一统计，累计观看量居然也破了万。

除此以外，天地人所内的羽毛球队、篮球队、登山队、骑行队、排球队、音乐团，背后都有工会的资金和设施支持。

可以说，工会通过自身努力让律所层面的团建活动更上了一层楼。因为工作强度大、范围广，工会甚至给所里输送了好些人才——好些工会委员出去后担任了省直律所联合团委书记、律所团委书记、团支部书记等协会和律所要职，既实现了人才输送，又确保了所内青年人才对律所的认同感与向心力。

“我希望我们工会把每件小事做好，这样律师在有离开想法的时候，回忆过往某个暖心的片段，可能就多了一个留下来的理由。”谌朝敏说，“律师虽然是一个流动性很大的行业，但我们可以努力去创造一个大家乐于在此长久发展的平台”。

青年方面，由于律所层面重视、实际工作扎实，天地人的党建工作一直颇受青年律师认可。在天地人，35岁以下的青年律师占到了律师总人数的70%以上。早几年，青年方面的工作事务主要由青年工作部组织，搬来楷林后，律所调整架构，成立了团委。

在团委牵头下，天地人建立起了完善的青年培训制度，每周至少会开展一场培训。无论是新锐团队，还是传统团队，青年律师都已经扮演了其中的中坚力量，方杨的团队和游艺的团队，就分别是二者中的代表。

2017 年，方杨和关系要好的刘晔、刘振赞一块，在所内建立起了一个纯公司化的团队，主攻房地产、金融业务。“我们团队内部是纯公司化的运营模式，打个不那么恰当的比喻，就类似于‘大锅饭’——所有业务合伙人之间是不算账的，平分，其他律师、助理就发工资。”这是方杨他们三人所选择的分配模式。在他们这个团队，新人的工资可能会给出一个固定的水平，后续则按需分配。这样的做法体现了其团队律师薪资的两个特点：第一，律师薪资“一锤定音”，不再进行二次分配；第二，人情味更浓厚，为律师的生存提供了一个可浮动的空间。

方杨把这种模式称为“大锅饭加上拍脑门加上用脚投票”，不同于其他团队的计点还要算上年资，方杨的团队则更加“扁平”。很多人也对方杨律师的管理模式持保留意见——虽然平分在薪资上公平了，但丝毫不考虑贡献度、创收等问题的管理方式真的可行吗？

在方杨看来，谈创收、谈贡献就容易出现“扯皮”的情况，团队要的就是一心，不要有异心。而对于律师的积极性，方杨丝毫不担心：“想要拿得多，就要干得多。”只有团队整体蛋糕做大，团队中的每个人才能分得多。

游艺的团队则又是另一种类型的发展路线。伦敦大学法学硕士毕业的她，2008 年就进了天地人，中途跳出圈做了三年法务，又在 2014 年回到所里。2018 年，游艺在合伙人杨林的支持下组建了自己的团队——一般的律师团队往往会用核心合伙人的名字来“冠名”，但游艺觉得单用某个人的名字并不足以代表这一整支团队，每个人都应有自己独特的位置和价值。因此，在团队讨论后，取“柏木成林，日成则晟”的寓意，团队定名为“柏晟”。

柏晟团队下分常法、专项、诉讼、运营四个业务组，所有客户由四个小组协同提供服务——比起一般按业务长项进行分组，柏晟的逻辑其实是站在客户角度，根据客户的不同需求提供对应服务，同时各小组通过不同分工实现对客户服务的全流程覆盖。用游艺的话说，这是一支仍处在探索发展期的、“完全紧密型”的律师团队。

有了不少成功案例后，团委在组织青年活动方面更加卖力。2021 年，

“青年思享会”出炉，青年律师们可以在C座的茶话间相互交流、打造业务、对外推广，迄今的十几期活动都效果不错。团委本身亦多次被评为“青年文明号”，其中2021年获评团中央“全国青年文明号”。

值得一提的是，青年律师与管理层的对话几乎没有阻隔，上下畅通。作为湖南省律协直属会员部团委书记的熊麒就时常被看作“天地人倾听筒”，每个团队都经常有人抓着他“发牢骚”：“年轻人嘛，有时干着干着就会失去方向，不明白自己的价值，觉得自己没有存在感。”熊麒说。这样的牢骚表面上是律师私底下的碎碎念，实际上都盼着他能向上报告给老翟。

别说，老翟还真把这话给听进去了。大会点评的时候，翟玉华就特地把这话单独拎出来“公开处刑”。一方面，是表达“气愤”：所里给青年律师提供的帮扶、制度其实并不少，但大家很少主动去了解，团队负责人也不主动帮年轻人了解；另一方面，也是回应和表态：所里的相关制度确实还有待完善，才会使年轻人们有“抱怨”。

不仅如此，表态之后，老翟立马召集管委会成员组了场临时会议，定下调来要搞一场和年轻人有关的活动，并且，从那天起，每次管委会会议必须有三名青年律师代表列席。“我当时都很惊讶，行动太快了，一个这么重要的决定，一场会议就定下来了。”熊麒回忆到。

这只是天地人对待年轻人态度的一个小小缩影——本是一件不大不小的事，但作为天地人领头人的翟玉华听进去了，年轻人也明白了，只要发出声音，就有可能被听到，甚至律所很快会付诸行动。开放的前提就是要学会倾听，唯有广泛倾听，才能避免偏见。

也因此，在党委团委的组织引领下，天地人的青年律师保持对律所的高认同度，往往都能平稳、健康发展，逐步打出自己的一番天地。可以说，天地人党建工作的引领让青年律师在其发展过程中有了可信赖的“主心骨”。

天地人200余名党员中，女性党员占比超过一半，在党组织的带领下，这股“巾帼力量”爆发出了远超想象的能量——譬如战功卓著的妇委会，虽然在搬来楷林国际后才正式成立，但已经斩获“2020年度省直单位先进妇委会组织”等荣誉称号。妇委会针对女性群体的特点和长处开展工作，发力经济建设、乡村振兴等板块，岳麓、芙蓉、望城等区的调解中心都活跃着妇委会女律师的身影。仅2021年上半年，天地人妇委会就在提高政治站位、服务经济建设、开展联谊活动、组织公益事业方面发挥了重要作用，包括但不限于：

2021年1月7日，中国（湖南）自贸试验区中非经贸合作促进创新示范园2021年首批入驻企业集中签约仪式暨一站式全程代办服务中心揭牌仪式上，天地人女律师、合伙人、邹红艳律师牵头组建法律中心，并作为律所代表进行签约，为中国（湖南）自贸试验区开展法律服务；3月8日，天地人妇委会与湖南麓谷发展集团妇女联合会、湖南汇智科技孵化器有限公司共同举办了高新区园区女企业家座谈会，就女企业家办企业心得、园区营商环境的优化、职场女性权益保障等方面进行了沟通交流，得到了出席会议的高新区管委会工会主席杨金林、妇联主席李明的高度肯定；3月18日，天地人妇委会庆祝“三八”国际妇女节系列活动之“巾帼心向党　奋斗新征程”主题学习活动，天地人党委书记、主任翟玉华，党委副书记、妇委会主任唐学锋出席活动并讲话……

女律师、合伙人、工会主席谌朝敏2022年荣获省直妇工委“最美家庭”，女律师、合伙人李楠获长沙市团委“优秀青联委员”称号，女律师、党委成员、合伙人邹红艳荣获湖南省青联“履职优秀委员”称号。

于是，在党的旗帜下，工会、青年律师、妇女委员会等不同群体被最大限度团结在了一起，在各自领域绽放出了夺目光彩——正如所有组织都会经历的那样，只有组织内部所有群体都认同同一个目标、朝着同一个方向，才能集中力量铸就起能够带领组织实现单点突破的律所灵魂——独具天地人特色的律所文化。

第九章

筑巢引凤：要8000平方米，100个车位

时光飞逝，转眼已是2012年年底。

12月30日，从望城坡到光达村的长沙地铁2号线一期工程成功通车试运行。当晚，报纸上就刊出了醒目的大标题——长沙“地铁时代”，来了！

地铁的试运行只是一个缩影。2013年全年，长沙的GDP总量已经来到了7153.13亿元。虽然相比前几年整体增速上有所回落，但和2004年刚刚破千亿元的规模相比，星城无疑实现了“飞跃”。

与此同时，湖南省委办公厅、政府办公厅也在年底发布了《关于对长沙市下放部分省级经济社会管理权限的决定》，将共计45项省级经济社会管理权限交给了长沙市。种种迹象都显示这座城市的蒸蒸日上——谁能把握住各行各业潜藏的机遇，就能乘上这股城市发展的“东风”。

这年，天地人也迎来了律所发展的又一座里程碑。律师个体也在各个平台上斩获颇丰，作为领头人的翟玉华本人更是当选湖南省第十一届政协委员。

但律所的快速发展也让办公场地显得日渐局促。

2004年天地人在文化大厦买下的2169平方米办公区不仅要塞下越来越多的律界新人，还得给过往承担和新近接收的各类活动、会议乃至服务中心腾出场地，一年比一年捉襟见肘。而过去十年里，长沙的新锐写字楼一座接一座地拔地而起，文化大厦虽然“还算够用”，但显然已经不再像10年前一

样能够充当律所的门面担当。

“一是律所发展快，必须有更多空间来容纳新律师、新职能；二是企业发展快，律所想要更好地吸引企业家、为他们提供服务，也有改善办公条件的必要。”这是翟玉华当时的看法，加上所里合伙人分享的一件小事，更是直接让他下定决心推动新的迁址事宜。

文化大厦毕竟驻扎在老街区，在车位的规划上也没有后来科学合理。虽然修有地库，但毕竟楼下就是以湖南大剧院为代表的繁荣商区，一到高峰，车满为患。有次一个企业客户有要事来找律师，结果开着车绕着文化大厦转了一圈又一圈，愣是没找到停车位，索性就又开走了——丢了一个大客户，就因为这样啼笑皆非的理由。“那不行，不管是为了客户考虑，还是为了律所本身的长远发展，要搬。”翟玉华说。

当然，为了更好地动员合伙人，天地人专门召开了会议讨论新的迁址事宜。会上，翟玉华提出了五点原因：（1）长沙经济格局调整，设立大河西先导区，“芙蓉路时代”（湖南大剧院）向“湘江时代”（楷林国际）嬗变，客户和业务都在向河西加速聚集。2008 年 6 月，长沙在湘江两岸划定一个面积达 1200 平方公里的大河西先导区，探索两型社会发展的改革路径。先导区重点发展高端制造、电子信息、新能源、新材料等战略性新兴产业，已经成为全省最重要的新型工业基地。（2）文化大厦的硬件逐渐落后，律所需要更好的对外形象，办公场所就是展示形象的绝佳载体。现有办公场地智能化、服务能力跟不上律所发展，受困于硬件条件，客户没有停车位，律师停车都靠抢车位。（3）现有的卡座和办公室严重不够用，限制了律所的发展规模。搬家不仅能解决这一平台问题，还能为律师、团队发展提供更多空间，使大家发展更充分。（4）随着天地人管理水平的提升，整体创收也迈上了新台阶，每年保持 30% 以上的增长速度，新的合伙人的加入，增强了天地人对未来的信心。（5）行业竞争越来越激烈，国内的头部律所已经领先其他律所数个身位，若不加倍努力，就容易被甩掉。因此，需要再次“腾笼换鸟”。

但搬哪儿？怎么搬？都还悬而未决，然而一切又是那么顺其自然。

以此为扉，天地人的新一页拉开了帷幕。

风向，在变

在细谈天地人的选择前，不妨先跳到半空，看看彼时律师行业的整体样貌。

1979 年，中国律师制度恢复重建，至 2022 年，已有四十余年。这几十年里，中国律师行业得到了长足发展：律师的人数规模从起初的寥寥 200 多人①发展至 2020 年年底的 52.2 万人，律师事务所也从 70 多家发展到 3 万多家。中国律师业从无到有，从小到大，取得的历史性发展在数据层面有最为直观的体现。

数据之下，宏观层面的市场竞争形态，中观层面的律所发展策略，微观层面的律师职业发展，不同时代下律师行业具备不同的特点、也面对不同的命题。若以“品牌”为切入口，来观察中国律师行业的发展变化，我们将有何发现？

1988 年 7 月，北京市成立第一家合作制律师事务所——经纬律师事务所，在这之前，法律顾问处是唯一的律师执业机构形式，即所谓的“国办所”。从“品牌”角度来看，从 1979 年至 1988 年，处于我国律师制度恢复的起步时期，处于类计划经济形态下，中国律师事务所处于无品牌时期。

1988 年 6 月，司法部正式下发《合作制律师事务所试点方案》，由此迈出了“改变国家包办律师事务所的重要一步”；1997 年 1 月施行的《律师法》正式确认了国有、合作和合伙制的律师事务所组织形式的三分天下；2007 年 10 月，《律师法》修订工作落定，“特殊的普通合伙”成为《律师法》修订

---

① 《风雨兼程 40 载　迎风远航再出发——律师制度恢复重建 40 周年综述》，载青岛市司法局网，http：//qdsf. qingdao. gov. cn/n3707475/n32567581/190506103546455256. html，访问日期：2022 年 3 月 2 日。

引入的一种全新的律师执业形式。伴随中国律师制度的恢复、改革，中国律师行业也在国内市场经济的崛起大势中蓬勃发展，律师事务所在规模化、专业化、品牌化、国际化方面取得迅速发展，律所品牌从无到有，从单一到百花齐放，如今业内的律师事务所品牌建设已经呈现多种形态：以某一细分专业方向为特征的专业精品所品牌，以规模体量、业务实力领先于当地市场的区域性综合所品牌，以建设国内分所、业务综合化为特征的全国性综合所品牌，以长于涉外业务、建设海外分所为特征的国际性律所品牌……

品牌形态多样，建设途径也有很多，律所视觉识别系统（Visual Identity，VI）体系设计与升级、整合媒体资源进行律所宣传、积极参加党建公益活动、举办专业法律专家研讨会等，方式方法不一而足，但究其根本目的在于充分展示自身的独特理念和专业品质。以律所为主体购置房产，升级办公环境也是品牌建设的方式之一，购房作为一项投资行为能够带来实质性收益，同时为律所品宣、市场、团队、人才、专业等事务的规划建设创造外部条件，还能推动律师事务所的品牌形象得以提升。所谓“筑巢引凤”，尤其是在中西部地区，添置房产对律所发展而言是件一举多得的事情。

回看天地人的迁址历程，犹如一部律所发展的微观史：1993 年，初创时“蜗居”于粮贸大厦一间 16 平方米的小办公室，而后 4 次扩容，及至创业 10 年，天地人的办公面积已近千平方米；2003 年转换阵地，天地人购下了文化大厦面积 2169 平方米的整层办公楼，成为湖南省率先以购楼的方式入驻写字楼的律所。2013 年，自迁入文化大厦后，天地人走过了又一个 10 年。这一年，天地人筹划再一次买楼，并且直接奔向了 8000 平方米，办公面积扩大了 3 倍多，这背后是天地人业务体量、律师规模的发展壮大，也表露了天地人面向未来的积极筹划。

再度迁址，为再向前一步

“为什么又买楼？原文化大厦两千余平的空间已经不够用了。”说这话时，翟玉华心里装着的是对过往发展成果的自豪感，以及对律所继续向前的殷切期盼。硬件设施层面，天地人需要进一步扩容和升级环境，这从一些微小但却也很重要的问题上已有反馈，譬如前文提到的客户停车。这对于客户体验很不友好，与此同时也无助于律所开拓一些重要客户，长远看甚至会影响律所的进一步发展。

为什么办公环境对于律所的品牌建设而言有颇为重要的意义呢？一来，办公场所承载律师执业活动、律所培训、客户接待乃至举办专业交流活动等一系列实质性功用；二来，法律服务是基于专业知识的服务，往往具有非标准化、客户感知困难等特点，让客户能够感知到律师服务的专业性很关键，一方面是实打实的专业知识和业务经验的硬实力，另一方面也是职业形象上的专业性——直接的体现便是舒适大气的办公场所、西装笔挺的专业形象。

这是天地人希望再度迁址的内在原因，向外望去，翟玉华也看到了长沙在过去十数年中波澜壮阔的发展变化。

如今的长沙凭借其百花齐放的文娱输出成为年轻人最神往的城市之一，但早些时候并非如此。2004 年以前，长沙的 GDP 在中国城市排行榜中仅排在第 30～40 位，甚至不如一些省的非省会城市；溯至更早时期，1998 年开始长沙大力发展基建，成功打造出“工程机械之都”，一些当时数一数二的机械制造企业从长沙走了出来，带动了整个城市 GDP 的飞速增长，但长久发展重工业，“缺乏创新、缺乏后劲”的弊端也逐渐显露。2014 年，长沙开始转型，产业布局上着手构建以战略性新兴产业和高新技术产业为引领，先进制造业与现代服务业为驱动，工业与信息化“两化融合”的现代两型产业体系，加快形成“重点带动、多点支撑”的产业新格局。[①] 2015 年，原大河西先导区更名为湖南湘江新区。

① 参见《长沙的发展，就是一部热血逆袭史》，载 36 氪 2020 年 12 月 30 日，https：//36kr.com/p/1032799420912644。

在这样的背景下，翟玉华看到了长沙转型发展下的新机遇："城市的发展也给人以信心，天地人希望借机解决办公空间不够的问题，同时升级律所现象，以匹配更高标准的客户群体，匹配城市的发展建设。"

买哪里？到湘江边上

"独立寒秋，湘江北去，橘子洲头。看万山红遍，层林尽染；漫江碧透，百舸争流。鹰击长空，鱼翔浅底，万类霜天竞自由。怅寥廓，问苍茫大地，谁主沉浮？"如今的湘江两岸，高楼迭起，天气晴好时，总会和天空交汇出起起伏伏的线条，每到夜幕降临，矗立于湘江岸边的写字楼霓虹闪烁、灿若星河，楼内则错落分布各行各业的"龙头"企业，在湘江边进行另一种形式的"百舸争流"。不得不说，湘江景致已经在生趣盎然的自然风光之上多了一些现代化的气息，而这些变化差不多是在近十年里完成的。

尽管下了迁址的决心，但翟玉华带几个主要合伙人逛遍了整个长沙的写字楼，却难以挑出一家能令大家交口称赞的，只能先列出几家备选。

直到有一天，大河西先导区一位企业家和翟玉华谈起一个开发项目，提到自己有意协助引进一家总部位于郑州的写字楼开发企业——河南楷林置业有限公司（以下简称楷林置业）。那时，楷林置业首次走出郑州"大本营"，进驻长沙滨江新城，正投资建设长沙楷林国际大厦，思及所里正愁"没地落脚"，翟玉华便打算实地去这家企业的写字楼考察。

于是，在企业家的引荐下，翟玉华与楷林置业时任董事、副总经理兼楷林（长沙）置业有限公司总经理王如民牵上了线。

"第一次碰面，其实只是抱着试试看的态度。"王如民坦言。在他过往的印象中，律所合伙人是一群非常精明且各有想法的人，律师事务所也并不算好说话的那一类客户。但翟玉华颠覆了他对"大律师"的印象。在王如民的介绍下，翟玉华了解了楷林置业的企业理念和管理及其接下来在长沙的规划布局——双方相见恨晚，翟玉华迅速带领团队前往郑州做了好几次考察，实地考察楷林的硬件设施、物业管理等，将每一个细节看在眼里、记在心上。与此同时，翟玉华也到长沙楷林国际大厦施工现场进行考察，但项目当时还处于开发的最初阶段，蓝色围栏围起了一片施工工地，走近一看，甚至还处于打地基的阶段，路都没有修，刚刚挖了个小坑，面前一片江河，四周全是荒郊。但经过在郑州的实地考察，综合自己对长沙城市发展趋势的判断，翟玉华预判了这里的发展前景，迅速做了决断。

2013年考察结束，天地人就确定购买楷林国际还未建成的写字楼B栋三层楼，成了长沙楷林国际的第一个大客户。

实体还没个影的情况下，就一次性买下楷林国际的三层写字楼，这无疑是极需魄力的大手笔——谁来掏钱？过渡期怎么运作？万一烂尾了谁负责？尽管此前天地人已经经历过一次集体决策购买写字楼——2003年买入文化大厦，甚至还带动了长沙当地律所以购楼方式进驻写字楼的风潮，但毕竟时过境迁，合伙人队伍比起当年又壮大了不少，因此当天地人面临第二次买楼迁址时，不出意料地，所里的合伙人吵成了一片。

好在核心合伙人眼光独到，基本不反对买楼。一轮安抚和沟通之后，剩下的分歧主要有两个：“买多少”“怎么买”——是延续第一次买楼时的方式，还是个人出资购买？

关于这些问题，天地人合伙人讨论了近半年，其中曲折甚多，常常在合伙人会议上争吵得不可开交，但即便是最激烈的阶段，天地人的合伙人也都守住一条底线——任何不同声音、反对意见都放在台面上来一起讨论。

此时天地人一贯坚持的党建引领再次发挥了作用：作为党员的一批合伙人首先达成了统一意见，又分散下去不断沟通、做工作，陈以利弊，晓以事理。最终，在充分地发表观点、反复讨论之后，天地人最终达成了第二次购楼迁址的共识，并且仍然以律所集体的名义出资。

坚定支持购楼迁址的合伙人大多是抱着投资未来的心态，唐学锋便是其中一员。她回想起当时讨论“到底需要多少车位”，有人认为30个或50个车位就足够了，但唐学锋坚持需要100个车位。为了能够获得这100个车位，唐学锋一边和持不同意见的合伙人做沟通，一边和开发商协商争取，费了九牛二虎之力终于达成，“当时感觉就像立了‘军令状’一样，不达目标誓不罢休”。唐学锋笑着说，“随着律所的规模壮大，律师的停车需求都将很难满足，更别提满足客户来访时的停车需要，因此没有100个车位肯定是不够的”。

在她看来，写字楼只是城市经济发展的一个缩影，未来随着经济进一步发展，有车人士必定越来越多，然而停车位总是有限的，如不加以重视，停车终究会成为一个老大难问题，尤其在寸土寸金的高端写字楼里更是如此。

事实证明了唐学锋的眼光。每思及此，不少合伙人、律师都很钦佩唐学锋、翟玉华，乃至当时那批坚定买楼的合伙人所表露出的排除万难的坚持与魄力。

君子立所，成人之美

2017年9月29日，天地人整体搬迁至楷林国际A座10～12楼。搬迁前夕，楷林置业董事王如民感慨道：“天地人不仅是楷林国际在长沙的第一个客户，翟玉华主任更是我在长沙的贵人、导师，他在我最困难的时候帮助了我。”这背后的故事，还得退回长沙楷林国际大厦的建设招商时期。

2015年正式更名成立的湖南湘江新区是中国中部第一个国家级新区，承担“立足中部、辐射西部，进一步确定长沙作为中国中部经济中心的地位”的重要发展目标。“十二五”以来，湖南省不断加大对金融产业发展的支持力度，2015年，全省金融业实现增加值1156.46亿元，同比增长20.6%，远远超过第三产业和总体GDP增速；但金融业占全省GDP的比重仅为4.0%，是湖南省发展的“短板”之一。相比武汉、郑州、合肥等中部城市，长沙的金融产业总量仍处落后位置，且金融格局较为单一，当时长沙已有的芙蓉 CBD、梅溪湖 CBD 和星沙 CBD 均为综合性商务区，缺乏一个全金融业态的中心。①

在这样的背景下，建设湖南金融中心的目标和规划被提出，落户在楷林国际所在的滨江金融商务区。恰好，楷林置业——这家来自郑州的专业金融写字楼开发商带着满满的自信和野心来到潇湘大地，准备一展抱负，目标也是在长沙将“楷林”这块招牌打造成“湖南金融中心中的金融中心”。

2013 年，天地人签约盘下楷林国际还未建成的 B 栋写字楼里的三个整层。翟玉华不仅成为楷林国际的首位业主，而且经常在空余时为楷林国际的宣传推广活动站台，天地人作为本土优质律所品牌迅速入驻，又有翟玉华的影响力背书，无形中为楷林的招商引资起了很大的正面影响——这也让王如民有道不完的感激。

但到了 2015 年，一个意外发生了。长沙银行看中楷林国际，希望整体购置楷林国际 B 栋写字楼，作为其全国总部办公场所。当时，楷林 B 栋已经售出 1/3，款都收了。要满足长沙银行的进驻要求，意味着必须对包括天地人在内的两万多平方米进行回购。两难的问题摆在了王如民面前，一边是在长沙本地享有巨大声誉和影响力的金融龙头，留住长沙银行，楷林在长沙打造金融中心的梦想就实现了大半，还能以此吸引到其他银行金融机构；另一边则是要对已售的 1/3 写字楼进行回购，其中包括一直支持自己的大客户天地人，于情于理，皆有亏欠。

权衡利弊，王如民硬着头皮，与天地人沟通从 B 栋迁移至 A 栋事宜。登门时，王如民颇为忐忑，虽然翟玉华一直很支持他，但律师是一群独立性强、很有自我主张的人，这次“出尔反尔”，怕是会让翟玉华很难做。但令他感到十分意外的是——得知楷林国际当时的情况后，天地人主任翟玉华丝毫没有责难，甚至以行动给了他莫大的宽容与支持。

① 参见《湖南金融中心总体城市设计》，载搜狐网 2018 年 12 月 7 日，https://www.sohu.com/a/280324481_697365。

“与长沙银行比，我是个小客户，理应支持你!”翟玉华爽快回应：“只有这种社会影响力更大的企业入驻，楷林才能进一步增值，这对整个写字楼未来的高端发展都有价值。”听了翟玉华一席话后，王如民悬着的心终于放了下来。不仅如此，翟玉华还亲自出头，费了许多心思和策略来说服律所其他合伙人改签 A 栋，以实际行动帮助和支持楷林国际。

“不能拘泥于细部，而忽略了整体，要有大局观。”翟玉华说，发展要往长远看，只有整体有好的发展才能够获得真正的发展益处，配合迁移促使长沙银行进驻，不仅是在帮助楷林国际，更是支持律所自身。如今，湖南金融中心已从一纸规划成为现实，数百家基金单位构筑成湘江基金小镇，长沙银行、财信人寿、湖南银行等各类金融机构重磅掠阵，“持牌金融＋基金小镇＋金融科技＋配套服务机构”四柱支撑的产业格局已然形成，构建生态，得以共赢。

“翟主任不仅是一位大律师，更是一位师者。他的品行令人敬佩，不为名利所动，不为权势所屈；他胸怀天下，乐于帮助别人，从不计较个人得失，舍小我成就他人。”王如民说。“天地人与其他律所最大的区别和优势就是有一位德才兼备的领导人，他能把合伙人凝聚到一起，达成共识，他的人格魅力价值千金。同时，他又把利益看得很淡，因此可以以高尚的职业道德和专业的职业精神不断吸纳新的合伙人。”

“来再多人才，也不怕没地方了”

2022 年年初，再看湘江西岸，道路纵横交错、高楼鳞次栉比，各类产业方兴未艾，其中又以金融为最。漫步湘江西滨，湘江基金小镇沿江岸线蜿蜒伸展，银行、私募等金融机构在此聚首……一座金融中心已轮廓分明、血肉丰满，成为湖南经济转型升级、高质量发展的一张闪亮名片，以全新的面貌、傲人的姿态肩负起中部“陆家嘴”的历史使命，引领湖南金融智汇新高地。

片区的经济发展、政策优势等给天地人的发展带来了实质性的增益，也进一步提升了天地人的品牌形象，无论是在客户市场中，还是在人才市场中，天地人的品牌号召力进一步提升，全所的创收也从原来的数千万元翻了几番，直奔 2 亿元。

律所每一次迁址的背后，既是对当前实力的丈量，也是对未来发展的自信，伴随律所步步向前发展，所内的组织凝聚力和管理能力也在无形中增强了许多——天地人的每一位合伙人、每一位律师对此都深有体会。也正因如此，尽管天地人是一家采用提成制分配方式的团队化管理律所，但不同团队间、不同律师间“召之即来，来之能战，战则能胜”的组织战斗力随着律所一步步披荆斩棘发展壮大有了雏形。

“很多来湖南执业的律师会优先选择天地人，甚至还有人专门来所里打卡。”这让天地人的律师颇为自豪。这种“我们是天地人律师”的自豪感甚至影响到了律师的具体执业、成长。

2018 年 3 月 22 日，湖南九龙经贸集团有限公司（以下简称九龙集团）及其旗下十余家关联企业向法院申请了破产重整——这也是湖南第一家申请破产重整的民营 500 强企业。4 月，天地人接受委托，担任九龙集团等 13 家企业的破产管理人。九龙集团在湖南根深叶茂，因此本案光是涉及的债权人就多达 13,000 余人，涉及债权金额 30 多亿元，迄今仍是湖南涉案金额最大、债权人最多、情况最为复杂的破产重整案。

“换作十几年前的天地人，想要完成这样一个工程量浩大的项目，可以说几乎是不可能的。”翟玉华感慨。承接案件后，翟玉华调动了大量人手，耗费了巨大的精力和时间，众志成城，众多律师一同参与这个在湖南可以说“前无古人”的项目。

不同于企业，大部分律师事务所的组织管理能力较弱，尤其是在中西部法律服务市场中，律师往往单打独斗，跨专业或跨团队的合作较少，这在法律服务需求的综合性和复杂性日益提高的如今是存在竞争劣势的，因此越来越多中西部地区的律所开始向团队化、专业化的方向发展。天地人的律师们则有很强的集体意识，这正是源于律所长期的价值观建设，也得益于翟玉华长时间以来所坚持的集体引领。“天地人能够做到全所上上下下团结一心，哪怕所内会分成数十个律师团队，但在关键时刻，能够将每个团队拧成一股绳，劲往一处使。”陈戈垠说。此前天地人承办过的九龙集团破产重整案项目，调动全所数百名律师共同参与其中便是最好的例证。

天地人的集体意识既体现在团队作战上，也体现在律所的青年律师培养和传承上。所内的律师培训主题、形式丰富，资深律师及导师在做培训分享时知无不言，有的合伙人在讲授刑事辩护主题的课程时，会将自身团队承办过的 30 余个案件的干货进行归纳梳理，知无不言、言无不尽地传授经验，内容具体，实操性强，细致到法条运用、焦点问题辨别、如何突破焦点问题等，培训结束后，很多律师仍意犹未尽。

开放共享的心态，团结一体的团队精神，让天地人律师在此类培训中总愿意把“压箱底”的东西掏出来分享，帮助青年律师快速成长，也让专业能力和业务经验能够由资深律师传递到青年律师身上，形成持续性的专业化优势。

也因为这种文化传统，搬家一举获得了意外的收益——以往，在人员暴涨后的文化大厦，这类培训活动总是“施展不开拳脚”，到了楷林国际，整整两层半的空间可算解放了大家，各类工作内、工作外的交流活动如火如荼，连带所里的工会也忙碌起来，想尽各种方式给律师们做后勤。

不仅如此，天地人在新办公区的设计装修中融入了海量的文化元素，体现出先进的发展理念和开放的胸怀。

这些新气象让所里的合伙人很是感慨，到了 2022 年年初，所里又动起了重新装修湖南大剧院办公室的念头，因为律师人数增长太快了，已经超过 560 多名，新办公楼的卡座和办公室又到了一座难求的地步。

梧桐既成，有凤来栖，很快，他们的预感就得到了印证。

第十章

开启差异化发展之路

变化，对于一家律所而言并不是件易事。

如果在变化前再加上“频繁”两个字，许多管理者可能就会开始心里打鼓：本来合伙人之间达成共识就难，还频繁做变化，这是要冲着“散伙”整啊？

但对天地人来说，事情好像就变得不太一样了：不光管理制度体系每年都在进行各种或大或小的调整优化，各种新的改革、调整更是随出随用——甚至有过周六律师提出意见，周一立马组会讨论并当天落地新制度的情况。

怎么做到的？

一家律所的“差异化”

2020 年的一天，在长沙市政府、市政协南边的长沙人民会堂，天地人律师事务所 2020 年工作会议正式召开。

对于工作会议，大多数律所往往选择在所内的会议室解决，像天地人这样选用会堂来开工作会议，且要求全员参加的，可以说并不算多见。

这种差异，和作为党委书记、主任的翟玉华所做的工作总结倒是遥相呼应。

他一身正装坐在主席台中央，身影被宽大的台面和尺寸巨大的红旗衬得有些单薄，但声音一如往日的洪亮。在他抑扬顿挫的讲话里，两侧的荧屏上拉出了工作总结的主题“深入推进服务差异化建设，在服务差异化的道路上奋勇前进”。

是的，差异化。作为一家内陆省份律所，天地人早早就提出“差异化”的服务理念，并将其投入实践：

• 2018 年 12 月，天地人在内部商讨达成共识的前提下，提出了“服务差异化”战略思想。

• 2019 年 1 月，在召开的全所合伙人大会上，《服务差异化建设工程方案》获得了审议通过。

• 2019 年 2 月 23 日，新春伊始，在杜鹃路上的长沙市会议中心，翟玉华正式对外提出了“差异化建设”的概念，计划在 2019 年全面开启服务差异化建设，加速提升律所的发展速度和质量，并做了全面工作布局。

• 2019 年 6 月，天地人又在新一轮合伙人会议上审议通过了重要的《2019～2021 年发展规划》，对未来三年律所服务差异化建设进行了全面规划。

再之后，就是翟玉华这次在 2020 年工作会议上的专题报告。

一家律所，为什么要倡导“差异化”？在旁人看来，律师工作不就是按照法律法规照本宣科，要么事前帮助客户规避法律风险，要么事后争取最小损失，能有多大差别？

其实不然。

从 2018 年起，中国法律服务市场开始逐步呈现出几个明显的新趋势：①

其一，律师人数快速增长。2018 年年底，全国律师人数达 42.3 万，相较上一年年底增长了 14.8%，净增长了 5.8 万人。也是从这一年起，律师行业进入了高速发展的“5 万人时代”。

① 李俊辰：《2022 年中国法律服务市场：发展逻辑的重塑》，载微信公众号“智合”2022 年 1 月 1 日，https：//mp.weixin.qq.com/s/LQ3Wv2wBWptkmXnBFJf_bA。

其二，区域性法律服务市场受关注度日益增加。这一趋势与社会经济发展大方向息息相关，在愈发强调双循环、城市圈的当下，包括京津冀、长三角、粤港澳大湾区、成渝和华中等在内的区域性市场正经历新一轮发展整合，法律服务市场的竞争格局也随之变化，无论是外地律所的入局还是本地律所的突围，都让市场内部的态势和影响要素变得越发复杂。

其三，自2010年以来的律所规模化浪潮仍在持续，但关注重点已经逐步由做大增量转向做优存量。在长沙这样的非一线中部城市，头部律所也已经普遍来到了数百人规模——品牌、管理开始越来越多地被提及。

其四，中国律所的全球布局持续推进，涉外人才队伍也不断扩大。以往，湖南在涉外领域的法律服务需求并不多，但近年来，随着“一带一路”的持续推进与深化，本地市场也开始渴求更多拥有复合背景的涉外法律人才。

除此之外，法律服务的数字化、市场服务结构的复杂化也都给律师行业带来了诸多新的变化。

变化往往是一柄双刃剑，新旧力量的交替往往在此时诞生。在律师行业，老牌律所想要在变化中抵御冲击、行稳致远，新生律所则希望借此机会弯道超车、占据高点。但无论什么体量的律所，希望实现怎样的目标，想要在变化的湍流里站稳脚跟，都需要具备与时俱进、顺势而为乃至引流潮流的特质。

在律师行业发展的早期，律所、律师尚能凭借专业知识的积淀深度维持一定的竞争优势，等行业渐入红海，客户需求逐步发生变化，那些缺乏组织性、无法提供满足客户需求的产品服务，又没有独特运作模式的律所，自然就会在竞争中落于人后。

“天地人的差异化，从根本上讲就是要建设高质量律师事务所，在服务能力、服务质量上与一般的律所拉开差距。”翟玉华表示。在如何实现天地人差异化建设方面，翟玉华高瞻远瞩，从五个方面谋划未来：

第一，加强基础研究和基础工作，是实现天地人飞跃的伟大工程。万丈高楼平地起。天地人差异化建设工程方案和三年发展规划（2019 ~ 2022 年）都要求加强基础研究和基础工作，把它作为实现差异化、实现飞跃的根本前提。不做好基础研究和基础工作，就不会有天地人的未来，就不可能实现天地人的伟大梦想。这种基础研究和基础工作是指律师业务的基本技能，基本服务标准，律师素质的基础培训，市场研究与培育，新型法律服务需求研究，基础管理与研究等涉及全所律师和本所发展的基本素质、基本技能、基本理论、基本管理问题。为此，天地人要求全所工作人员：务必高度重视基础研究和基础工作，切不可好高骛远。基础不牢，地动山摇。要求从实从细，从基础做起，从基本技能练起，从基本理论研究起，把基本技能掌握好，把基本理论吃透，做好每一项服务，作为未来的发展集聚巨大的能量，成为律所发展的重要支撑。

第二，必须切实加强团队建设。打仗时军队的士兵为什么要编队，而不是各自为战，是因为编队才有战斗力，才不会被敌人吃掉，才能有效地消灭敌人。律师发展业务，也是战斗，是商场上的战斗，不编队而形成团队，就等于一盘散沙的士兵，是无法战胜敌人的。团队建设是天地人差异化建设和三年发展规划（2019～2022年）中的重要内容，应当充分认识到它在律师个人发展和律师事务所发展中的重要作用。要发展，要形成更大的战斗力，要取得战争的胜利，就必须加强团队建设。为此，天地人要求所有律师和律师助理：一是所有人都要组成团队，或者加入团队。没有组织或者加入团队的，要尽快组织或者加入，都要拧成一个拳头，形成铁拳，做到无坚不摧。二是团队要加强组织管理，要充分发挥团队成员各自的优势，要制定好利益分配规则，有效调动团队成员的积极性和创造性，争取发挥更强的战斗力。三是要加强业务基础研究和学习，要磨好刀，练好兵，要有一枪毙敌的本领，做到打遍天下无敌手。四是要开疆辟土，广泛拓展市场，确立自己的领地，为自己的团队争取足够的发展空间，以便天马行空，纵横驰骋，成为强大的竞争者。

第三，必须加强业务专业建设。有了一流的部队，还必须有一流的武器，才能打胜仗。天地人的武器就是业务能力，就是专业服务水平。天地人差异化建设服务方案和三年发展规划（2019～2022年）都把业务专业建设摆到了十分重要的位置，天地人必须切实加强业务专业建设。为此，翟玉华要求全体律师：一是要树立专业意识，要靠专业立命，要靠专业发展。律师要专业，行政服务也要专业，各行各业都要专业，以专业立业，以专业兴所，专业强，律师强，律师事务所强。二是要开展专业学习研究，大兴专业学习研究之风，让专业成为最强竞争力。要加强对业务专业的科学研究，每一个律师或者律师团队和行政服务人员都要制定服务标准和程序标准，通过基础研究来提高他们服务的基本技能，补齐短板。同时，要在制定服务标准的基础上加强培训，全面提升基本服务能力。三是要在全面提升传统业务专业水平的基础上，加强对新型业务的研究，要站到最新科技的前沿，引领业务发展方向。四是要充分发挥学习研究院的作用，把学习培训和科学研究有机结合起来，不断打造新的强劲动力。学习研究院必须抓实抓好，抓出成效，要成为一道新的风景线。

第四，全力加强市场建设。市场建设是天地人的中心工作之一，是决定律所发展速度和发展质量的重要工作。天地人差异化建设方案和三年发展规划（2019～2022年）都把市场建设作为十分重要的内容。天地人所指的市场是指对法律服务需求占有的份额和比例，包括对市场占有的广度和深度。为此，翟玉华进一步要求全体律师：一是要实行全民营销，要搞群众运动，人人都是市场推广者，人人都是营销人员，把营销作为工作的第一要义，形成强大的市场氛围。二是营销在方法上实行三步走：第一步，请进来，要以天地人新装修的C栋4层的服务中心为契机，组织各行各业来参观、交流，举行各项活动，向社会进行广泛传播，形成高人气效应；第二步，走出去与请进来相结合，在请进来的同时，主动走出去，可以将业务拳头产品，党建政治产品和公益服务产品等多种产品对外进行推广，形成内外互动的市场营销气氛；第三步，进行立体营销，通过服务、科研、交流、推广等多种方式，形成全方位的立体营销模式。这三步走，主要指有所侧重，而不是绝对分开，不要把它们绝对化。三是必须首先做好请进来的营销工作。每一个人，每一个团队，为了培养自己的资源，建立自己的业务网络，大家应该去组织、动员一切可以请来的人，一个团队，一个人可以组织安排多批客户，暂对组织来的客户批数不做限制，韩信将兵，多多益善。但为便于服好务，安排好活动内容，每批来的客户一般要求在20人以上。每一个人，每一个团队，都要利用好这个契机，这是发展客户、培养资源的最佳机会，希望大家利用好，不要错过。四是必须组织安排好请进来的营销活动，增强客户的体验感。管委会要组织安排好活动内容，要让客户有强烈的获得感，切记不能让客户失望，要组织好每一场活动，组织客户来的律师和团队，必须向本所管委会报告自己组织客户的批次、人数，并与市场部进行对接，作出具体活动时间的衔接，绝不可自以为是，更不可擅自安排。要通过这样的活动体现我所的实力、专业水平、组织管理水平和高品质的服务，让来的人成为天地人的客户，成为天地人最好的广告和推广者，以达到营销的目的。

第五，加强作风建设，提高执行力。这也是差异化建设和三年发展规划（2019~2022年）的重要内容。作风建设是指认真完成工作任务，求实求细，雷厉风行的工作态度和工作精神；执行力是不打折扣，按质按量按时完成工作任务的能力。作风建设和执行力的好坏是关系到差异化建设、三年发展规划（2019~2022年）能否得到全面、有效落实的关键。翟玉华要求全体律师：一是全体工作人员和管理人员，都要明确本所规定的各自的工作任务和职责要求，做明白人，并确保工作任务按质、按量、按时完成，不打折扣，不留死角，不拖延，出色完成各自的任务，争取早见成效，多出成效。二是要发挥管理系统在作风建设、提高执行力中的作用。律所已建立起以管委会为核心的执行管理系统，管委会直接组织领导行政各部门，各专业部门和各业务团队，同时，本所董事会、党委、工会、共青团、妇委会协助管委会的工作，全面开展律所各项工作。董事会成员已对接业务团队，帮助团队建设和业务发展。党委委员和支部书记也要对接业务团队，帮助业务团队建设和业务发展。同时，董事会、党委、工会、共青团和妇委会还要分别动员和带领合伙人，共产党员，工会会员，共青团员等进行团队建设和业务发展，全面提高执行力，并且，形成相互促进、相互学习、相互发展、相互监督的局面，把律所的作风建设和执行力提高到一个崭新的阶段。三是要充分发挥监督在作风建设和提高执行力中的作用。监事会，党委纪律委员，要行使好自己的监督职能，适时对各机构，各部门，各团队和律师、行政人员和各分管负责人工作任务的执行落实情况予以监督公开，把作风建设和执行力的工作抓实，要求监督玩出真功夫，玩出真变化，最后能够成为大家的自觉行动，成为律所发展的强劲动力。

迁居楷林国际后，天地人已经整体走在了湖南律师行业前列，无论是办公硬件、团队实力，还是管理模式、服务质量，都有可圈可点之处。但在这样的发展背景下，内部也出现了一些迷茫情绪：有的人沉浸于现有成就沾沾自喜，在业务、管理等方面有所懈怠；有的人隐约觉得不该在此停留，但又迷茫于现有环境，找不到未来的可行去向。

这些焦虑与困惑无从纾解，但行业却不会停下发展脚步。形势所迫，要想保持领先，必须不断超越自我，争取做到“人无我有、人有我优”。

于是，2018 年，在洞察行业形势后，天地人初步提出了“差异化建设”的律所战略，并制定了与之对应的三年发展规划。以 2019 年为例，在后来的工作总结会议上，翟玉华用了 5 组关键词来形容当年度差异化建设的成果——硬件、品牌、专业建设、市场建设，以及合伙人。

硬件很好理解。2019 年，天地人在楷林国际 C 栋购置的新办公区投入了使用，精心打造的“天地人客户服务中心”也使天地人在本土市场保持引领办公区设置风向的地位。

品牌方面，不仅党委、律所揽获“湖南省律师行业先进基层党组织”、“全国律师行业先进党组织”、钱伯斯亚太法律指南 2020“公司商事·中部 Band 1 律师事务所”等多项荣誉，翟玉华本人也收获了司法部“新时代司法为民好榜样”“新中国 70 周年百名湖湘人物”等称号。

专业建设方面，当年度天地人已经建立了 59 个业务团队，在规范化、标准化方面取得了成绩。

市场建设方面，湘江法商荟平台成立，党建共建平台也开始收获成果，还有多个律师团队根据市场趋势创新了法律服务模式，取得了不错的反响。

合伙人层面，对应的描述则是“从决策到执行，合伙人持续发挥正能量作用”。

可以说，天地人关于差异化的发展思路在2019年的当口已经基本定稿并开始投诸实践——其中的关键在于10个字——“律师团队化，团队专业化”。

重新定义团队

“一项工作能否成为一种使命，完全取决于一个人的想法。”事实上，或许正是因为对工作有了超越日常琐碎、超越利益得失的认识，谷歌才能成为如此优秀的公司。就法律服务领域而言，做律师也不仅是做案子。当所有律师都带着使命感去工作，即使他们对使命的理解各不相同，整个行业也一定会变得更精彩。

对于高度人合的律师行业而言，差异化首先就是人的差异化，而人的差异化又立足于专业的差异、能力的差异。因此，建设一支高素质的律师队伍，是对其他律所形成差异化的根本路径。

2019年，天地人所里的团队已经由早期的零星数个发展到了59个之多，其中，有的团队发展形势良好，“为天地人由形式上的团队建设向实质上的团队建设发展迈开了可喜的一步”。专业建设的规范化、标准化方面也初见成效，有20多个团队根据律所要求制定了自己的服务质量标准，业务专业研究也已经初步形成氛围。

基于快速发展的团队状况，天地人持续推进“律师团队化，团队专业化”的相关建设，周付生、唐学锋的团队就是典例。

2017年，周付生从公安局辞职成为天地人专职律师。18年的警察从业经历，使周付生即便离开体制内，也仍然坚守初心，以另外一种方式守护司法体制的公平正义。短短几年，周付生业务发展成熟，并开始组建了自己的团队。到如今，已经发展为一支拥有 10 余人的刑事团队。

以刑事业务作为主攻方向，团队聚焦企业、企业家犯罪，各律师以“一主两辅”为核心，倡导并逐步推进团队内部的专业化建设。截至 2022 年，周付生团队中刑事业务比例已达到了 90% 以上。

在周付生看来，团队的专业性不仅仅意味着业务分工明确，更需要有明确的评估标准，否则所谓的“专业”便仍留在表面，经不起考究、推敲。比如，在其团队中，做刑事诉讼业务要遵循“有效辩护”的大原则，即辩护结果产生了对委托人好的、积极的效果。在这项原则下，周付生团队组建 3 年内办理的 38 起案件中有 31 起实现或超出了当事人的预期，成功率高达 80% 以上。

2016 年，周付生团队承接了一起复杂虚假诉讼案：一家建筑公司 A 打算为名下一块土地的开发建设寻求资金支持，便找到另一家民营建筑工程企业 B 的老总胡某，以土地转让协议的形式约定胡某通过招拍挂形式拿下地皮。如果没有其他公司竞拍，则黄某至少要出价 2 亿元；如果竞拍超过 2 亿元，黄某可以放弃竞拍，且溢价归黄某所有。为此，黄某缴纳了 3000 万元保证金。一年后，土地市场发生变化，这块地皮一跃成为企业争抢的“香饽饽”，最终以 5 亿元的价格成交——土地公司显然并不愿意胡某坐享 3 亿元的利润，便通过股东将钱全部转走。中途几经拉扯，由于 A 公司迟迟不肯交款，调解后也不愿意支付折扣后的金额，胡某便向法院申请强制执行，法院便冻结了 A 公司账面上近 1 亿元资金。此时，A 公司法定代表人李某出人意料地投案自首，举报他本人与胡某串通进行虚假诉讼侵吞公司资产——公安机关为此准备立案侦查。

胡某找到周付生团队，周付生当即问了他几个问题：是否与李某恶意串通进行了虚假诉讼？当时签署的土地转让协议是不是真实合法有效的？是不是按照合同约定足额支付了 3000 万元定金？签署的调解协议是不是双方真实意思的表示？有没有恶意串通来侵占建筑公司资产的这个情形？催要溢价款的过程中有没有其他客观证据?

根据胡某的回答，周付生团队快速出具了法律意见书，公安机关参考后，经调查依法作出不予立案决定，维护了民营企业的合法权益。

“刑辩律师的核心是有效辩护。根据不同目标采取不同方法，在每个阶段专业、敬业、负责地把事情做好，才能最大限度地维护当事人的利益。为此，我要求团队成员始终坚持诚信、专业、负责、底线的行为准则——我认为无论哪个专业领域的律师都应该坚持做到这些。”周付生表示。

除此之外，打造学习型团队也是周付生专业团队建设中的一项重点工作。自2021年起，周付生在团队内成立“每周一学”栏目，将每周四6：30～9：30作为团队固定的集体学习时间，每周由1位律师担任主讲人，学习、研讨法律条文、政策，并以模拟法庭的形式研讨刑事案例。短短数月时间，周付生的“每周一学”在当地法律圈内已是声名远扬。参加讲堂的人员从本团队律师逐渐扩大到全所律师，最后乃至其他律所的律师、公检法工作人员也纷纷参观学习。到如今，“每周一学”每周的上座率已达到40余人，远远超过了周付生自己的团队人员数量。

唐学锋则是从整体性角度思考团队建设：人才、专业培养、利益分配、品牌建设是一个整体，其根本运行机制是以持续的人才输入作为专业延续的基础，通过团队的专业化建设、培训，将法律服务分解为标准化、可评估的可视化产品，再以持续的专业输出建立、强化天地人的品牌印象、吸引留住客户，最终形成可持续的正循环。

窥一斑而知全貌，周付生、唐学锋的团队建设也是整个天地人团队建设的真实写照。近年来，随着中国律师队伍的扩大，新所层出不穷，法律行业竞争逐渐步入白热化阶段，法律服务如何更新迭代、如何开拓法律业务、如何提高案源质量关系到律所发展的核心竞争力。在这过程中，单打独斗的传统模式逐渐显现出了其局限性，新的管理模式如团队化成为律所思考的方向，天地人便是其中之一。

在此背景下，天地人形成了“律师团队化，团队专业化”的建设理念，即以团队为单位整合律师资源，并在团队的基础上进行专业化发展，开始逐步探索团队化的管理模式。初见成效后，天地人又在2021年提出“专业部门化”，在建设专业团队的基础上以大部门的形式整合团队力量，进一步加强团队的专业特色，凝聚中坚力量。

在“三化”理念的支撑下，截至2022年3月，天地人已经打造了59个具有差异化特色的专业团队，其中过半数已形成了自己的专业特色，并在湖南法律行业中有一定的知名度与影响力。

“在当前的行业竞争中，律师单兵作战的劣势越来越凸显，团队化成为整个律师行业的共识。因此，律所要努力培养团队建设的土壤。”执行主任查鹏介绍道。截至2022年3月，天地人进入团队的律师占到所有律师的85%，而专业团队的创收加起来占到全所创收的90%以上。

如合伙人游艺牵头组建的柏晟律师团队，就基于湖南的市场经济和客户特征，提供高质量商事全流程服务，且颇具前瞻性地在业内比较新锐的“大合规”业务课题项下展开了预研。

如合伙人熊麒在长期和媒体的接触中摸索出自己的一套路线，在长沙的婚姻家事领域打开了一片市场。“打赢官司并不能让当事人满意，我们更多希望给当事人带来的，是帮助他们通过这种合作来重新认识自己，从而将往后的生活道路铺得更平。”这种不一样的服务理念让熊麒的团队得以区别于长沙其他做婚姻家事的律师团队。

50余支专业团队，尽管运作模式不尽相同，都擎着天地人的旗帜，在日新月异的湖南法律服务市场打出了一片天地。每支团队，都有自己的特色；每个特点，为的都是更精准地触达客户，帮助他们解决问题、实现目标——优秀的人才建设优秀的团队，优秀的团队又反过来吸引优秀的人才，这就是天地人的团队养成之法。

作为典型的人合组织，人才对于律师事务所的重要性甚至更加突出。从根本上说，律师事务所提供法律服务的能力取决于所内每一位律师的专业能力。找到对的人，提供最优越的条件让他们的才能充分发挥，律师事务所自然也就能越办越好了。

有句话说得很好："人找对了，事就成了。"

独树一帜的服务品牌

尽管天地人的团队往往以专业为支点，但最终形成的专业团队，又不仅仅是为了服务，而是更追求团队与客户双方共同价值的实现。这种独特的理念，让天地人格外重视对外输出的服务质量，并为此在行业内树立起了独树一帜的服务品牌——集道德标准、专业标准和服务标准于一体的综合性质量体系。

经过长期的观察、思考，天地人深感一支队伍没有旗帜是不行的。没有旗帜就没有方向，队伍会走散，会走弯路，达不到自己的目的。没有旗帜，也不便于辨识，不便于社会选择。于是，天地人在探索中绘制了带有鲜明图案的旗帜，决定作为天地人服务品牌的大旗，作为发展的大旗。

天地人的服务品牌具有如下特征：

1. 诚信、责任、正义的道德特征；

2. 精湛的专业特征；

3. 体验感良好的服务特征。

诚信、责任、正义道德特征的要求：

（1）做到诚实、言而有信，不欺客、不宰客，不做虚假承诺，说话有根有据，信守承诺，说到做到；

（2）做到遵纪守法，不做损害社会利益的事，不做损害当事人利益的事，不做唯利是图、损人利己的事，为社会担责，为百姓请命，利国利民，身为世范；

（3）要求一身正气，不为名利所动，不为权势所屈，处事公道正派，不奉迎权势，不欺侮弱小，维护社会公平正义。

精湛的专业特征的要求：

对法律服务要求在实体和程序上准确到位，力求无可挑剔；在技术处理上力求巧妙独到；在效果上力求完美，出人预料。

良好服务体验感特征的要求：

要求真诚地对待客户，设身处地为客户着想，尊重客户，与客户保持良好的沟通，让客户了解律师服务过程，了解律师服务和努力程度，争取让客户看到满意的服务结果。

以上三个特征，三位一体，共同形成天地人的法律服务品牌特征。这是天地人追求的目标，也是天地人对法律服务的管理标准，它们不一定在每一次服务中能够完美实现，但在不断向这个目标靠拢。天地人推出这样的服务标准，就是勇于接受客户的监督，接受社会各界的监督。通过逆向刺激，促进律师服务品牌成长。

天地人要把服务品牌的旗帜打出去，就是以诚恳的态度，无畏的精神，去搏击，去迎接挑战，在奋斗中磨砺专业，实现品牌的凤凰涅槃。

以业务实践　捍卫公平正义

1996 年，企业家李途纯在株洲建立了太子牛奶厂，并在短短几年间占据了中国乳酸菌饮料行业“龙头”地位。据相关媒体报道，在太子奶发展鼎盛时期，其销售额曾一度达到 30 亿元，并连续 6 年业绩翻番。然而，这个成为一代人童年记忆的饮料却在其巅峰时刻迅速跌落神坛——2008 年起，太子奶集团资金链断裂、陷入债务危机。次年，湖南株洲政府注资 1 亿元成立高科奶业托管太子奶，李途纯及其一手创办的太子奶从此陷入了罗生门。

2010 年 6 月，因涉嫌非法吸收公众存款、职务侵占、挪用资金犯罪，包括李途纯在内的湖南太子奶集团、株洲太子奶有限公司高级管理人员及李途纯亲属等19人被株洲警方立案侦查，其中被采取刑事强制措施的12人。翟玉华、叶强胜、王飞跃、张南宁等律师受委托担任李途纯的辩护律师。

对于坐实李途纯等人的罪行，株洲警方势在必得。据当年媒体报道，专案组为搜集证据，曾逼迫李途纯的舅舅高博文检举李途纯，致高博文割腕自杀；又要求太子奶原总工程师李立军检举李途纯，致李立军在河南遭灌酒当场醉死。李途纯的弟弟李洁纯在身患重病的情况下遭受近两年的威胁压迫，导致全身瘫痪；妹妹李冠军被强行羁押，在狱中偏瘫。原太子奶办公室机要文员在怀孕的情况下仍被长期威胁，最终流产。李途纯本人被羁押期间更遭受了重重威胁和不公待遇，后经多方医治仍难恢复……①

当事人的合法权利被不断侵犯，作为辩护人的翟玉华这边也并不好过。在他向警方、司法机关了解案情、反映情况、协调、表明观点时，各方面力量一度将矛盾转向辩护方，持续刁难，阻碍律师权利的行使，甚至威胁翟玉华要对其采取强制措施。其中有一次，翟玉华接受《人民日报》采访时株洲公安局的警察就找来所里，“要传讯翟玉华”。②

直至2011年7月底，文迪波被媒体曝光“签下千万广告款、涉嫌利益输送”，随即被湖南省纪委“双规”调查。公开资料显示，文迪波曾任株洲市河西开发区管委会副主任，2009年1月20日被株洲市政府任命率五人小组接管民营企业太子奶。在主政太子奶期间，文迪波被指六次动用公安及社会人员软禁太子奶创始人李途纯等高管，逼其放弃太子奶企业。被拒绝多次后，将李途纯等19人抓捕。

在翟玉华看来，从债务危机爆发到高科奶业托管、太子奶破产，文迪波就是太子奶危局的幕后推手。“案子本身就是一个局。不是因为李途纯或其家人或高管犯罪，而是为了让太子奶公司破产，才有了这个刑事案件。”翟

---

① 《曝李途纯冤案多人受公安迫害　二死三残一人流产》，载搜狐网，http：//news.sohu.com/20120329/n339198921.shtml。

② 《李途纯“翻案”背后》，载网易网，http：//money.163.com/special/view119/，访问日期：2022年2月25日。

玉华这样解释。[①]

在文迪波被“双规”后，李途纯案终于迎来了峰回路转的关键时刻。翟玉华抓住时机，带领辩护团队逐级向株洲市人民检察院和湖南省人民检察院的侦查监督机关和公诉机关汇报，请求予以侦查监督和审查起诉监督。后经反复汇报，检察机关接受了翟玉华律师辩护团队的辩护意见，认定指控李途纯等人非法吸收公众存款犯罪事实不清、证据不足，决定对李途纯等 12 人不予起诉。

2012 年 1 月 20 日，检察机关向全案 12 人宣布了不起诉决定，李途纯等 12 名涉嫌非法吸收公众存款犯罪的被告人被宣告无罪。被拘禁长达 15 个月的李途纯至此重获自由。2013 年 4 月 16 日，郴州市中级人民法院发布终审裁定：文迪波因犯受贿罪，签订、履行合同失职被骗罪，合并执行有期徒刑 9 年。[②]

也是在 1996 年，邵阳武冈残疾退伍军人廖某的妻子服药自杀。由于死前两夫妻发生过争执，女方娘家一口咬定女方系廖某所害。公安机关审讯后也认定廖某是凶手，将他送上法庭，一审廖某被判了无期徒刑。廖某的父亲此前被公安机关以作伪证为由关了 10 个月，回家后不久就去世了。廖某悲愤难当，深觉冤枉，于是提起上诉。但此时他已家徒四壁，甚至连盐都吃不太起了。

廖某的老母亲走投无路，托人找到翟玉华。翟玉华了解相关情况后，自愿对廖某实施法律援助。

他仔细翻阅了有关案卷材料，发现其中存在许多疑点，最核心的就是关于遗体药检的两份鉴定结果出现了矛盾。此前，在女方父母的要求下，公安机关开棺提取骨灰进行鉴定，初次鉴定结果显示有老鼠药成分，但后来的补

---

① 《揭秘原“太子奶”董事长李途纯案来龙去脉》，载环球网，https：//finance. huanqiu. com/article/9CaKrnJunP7，访问日期：2022 年 2 月 25 日。

② 《已获刑九年的文迪波被指六次动用刑事手段强抢太子奶》，载搜狐网，https：//www. sohu. com/a/362919835_120494164，访问日期：2022 年 2 月 25 日。

充鉴定结果又认为不能确定。在翟玉华看来，你既然连证据过不过关都无法验证，那自然不能据此判刑。

加上后来查证，廖某曾被刑讯逼供在某店购买以及从部队住院积攒的安眠药，也都被验证店里并没有出售、部队并没有储备对应物品，翟玉华进一步认定了自己的想法。

于是，他向湖南省高级人民法院提出证据不足、廖某不构成犯罪的辩护意见。湖南省高级人民法院经审理予以采纳，将案件发回重审。虽然后来被各方踢皮球又拖了四五年，但最终，检察机关还是作出了对廖某无罪不起诉的决定。一起前后历时近 13 年的冤案，终于以含冤者昭雪而终。①

2009 年 4 月，东莞商人万伟勋获得了中国文化普及促进会推荐的中国古玉石展的授权。恰好香港地区商人彭子曦正在郴州高铁站附近筹建一座五星级酒店，经人介绍，结识并请万伟勋帮助进行酒店筹建阶段的推广策划工作。5 月 14 日，万伟勋在生日宴后与彭子曦和另一位友人谈起了古玉石展的事，建议彭子曦将中国古玉展落户酒店，提升酒店的品质。彭子曦十分赞同这一提议，后二人经协商达成了口头协议，由万伟勋提供古玉石展品，展期十年，共计由彭子曦支付 5700 万元的展期对价，彭子曦在约定后两天内委托他人将 2850 万元汇入万伟勋提供的银行账户。

几天后，万伟勋又在彭子曦等人的交谈中谈到正在与中央政法委影视中心洽谈网络视频探监合作项目，彭子曦觉得很赚钱，希望参与该项目的投资，后经口头协商，彭子曦在万伟勋占项目总额 30% 的份额中，投资 5750 万元，获取份额内投资利润的 70%，万伟勋所在的东莞衍富公司占项目份额中的 30%，万伟勋以知识产权、管理经验等投资。接着，彭子曦通过多人将 5750 万元转账到万伟勋及东莞衍富公司的银行账户。不久后，彭子曦收到了古玉石展中的第一批 298 件古玉石。

万伟勋、彭子曦二人的项目涉及金额共计 11,450 万元，彭子曦实际共支

① 刘文韬：《做好一名律师，做一名好律师》，载《湖南日报》2005 年 2 月 18 日版。

付了万伟勋 8600 万元。其间，彭子曦和万伟勋没有签订任何与项目有关的合同资料、出具收款收据等。

随后几个月的时间里，彭子曦逐渐对古玉石的真伪产生了怀疑。2009 年 9 月，他分别找了中国文物协会的专家以及北京有关部门进行鉴定，结果发现古玉石为现代仿制品。万伟勋、彭子曦自此就合作项目发生多次争议。2010 年，彭子曦索要退款无果，先后向广东省东莞市南城公安分局和湖南省郴州市公安局报案，6 月 30 日郴州警方以涉嫌诈骗罪将万伟勋拘留，随后控制了他的妻子，查封其财产。2012 年，郴州市中级人民法院以诈骗罪判处被告人万伟勋无期徒刑。万伟勋不服一审判决，提起上诉。万伟勋的家属便委托翟玉华、王飞跃担任万伟勋的二审辩护人。

在二审中，翟玉华、王飞跃以一审法院管辖权、双方商业合作内容等问题作为突破口，认为：

1. 郴州市中级人民法院没有刑事管辖权，本案的被告人所在地和犯罪行为所在地都在广东东莞，郴州市中级人民法院的审判违法。

2. 万伟勋与彭子曦的合作是古玉石展权，而不是古玉石的买卖，展权没有虚构，网络探监项目也是真实存在的；且万伟勋没有非法占有的目的，本案应属民事纠纷，不是诈骗犯罪，万伟勋是无罪的。

在翟玉华、王飞跃的据理力争下，二审被湖南省高级人民法院以没有管辖权为由撤销一审判决，发回重审。此后，这起案件经过了最高人民法院指定管辖，郴州、岳阳两地中级人民法院先后审理，湖南省检察院向湖南省高级人民法院抗诉等各级司法机关全面介入等一系列司法程序，终于在 2019 年 12 月 19 日，万伟勋收到了湖南省高级人民法院的无罪终审判决。

这起案件不仅洗刷了万伟勋的冤屈，也给民营企业、司法机关留下了深刻的启示，吹响了纠正民营企业家错案的号角。而巧合的是，在宣判不久之前，商务部、发改委等八部委，最高人民法院，工商联密集发声，力挺民营经济。最高人民法院、最高人民检察院先后作出优化营商环境的各种表态，如全面清理司法解释，涉及民企的不平等规定一律废止；涉及民营企业家的案件，“可捕可不捕的不捕，可诉可不诉的不诉，可判实刑可判缓刑的判个缓刑”。

这些案子中，廖某案持续13年，万伟勋案持续8年，李途纯案更是让作为十七大代表的翟玉华面临被无端羁押之险——但天地人的律师们都扛了下来，背后不仅仅是对专业的坚持，更是对正义的坚守，甚至不惜以生命捍卫正义。

这恰恰是律师们最需要引领的行业标准——德不配位，如何做律师？

更出众的专业品质

专业，是天地人律师的立身之本，也是良好口碑的根基所在。过去近30年里，天地人已经先后为2万余家企业及个人提供服务，积累案件10万余件，所承接完成并取得较大影响力和社会效益的代表性案例更是比比皆是。

例如，城市建设领域，由深耕房地产建工20余年的高级合伙人邵余良牵头。团队秉持“挖紧土不挖松土”的理念，在而今经济形势、市场竞争态势均发生重大变化的情况下仍牢牢在行业内拥有强大的品牌影响力。2009年形成一体化团队后，邵余良带领一批优秀律师，在各级市场均取得了亮眼成绩：一级市场服务于长沙十余个片区数十个房地产项目，二级市场相关项目则达七八十个，三级市场亦在城市资产运营、城市资源、文旅产业相关板块占据一席之地。在本地，如城发控股、通程集团、保利地产等重要客户，天地人要么自其成立起便持续提供服务，要么已经保持20余年的合作关系。甚至在几十部房地产相关的立法中，都有天地人律师的参与和贡献。

又如，重整与破产业务领域，集聚了包括高级合伙人陈宇在内的一批精兵强将，采取了完全紧密型的公司制管理模式。在陈宇等律师的努力下，天地人不仅是湖南第一批入册中级人民法院破产管理人名册的律所，也是湖南省高级人民法院首批评级的一级管理人之一。长沙市中级人民法院首例运用市场化破产程序处理的破产清算案——乐金飞利浦曙光电子有限公司破产清算案就是出自天地人之手。由于案情复杂，天地人采取了“腾笼换鸟”措施，为省政府成功引入知名代工企业蓝思科技创造了条件。为此，天地人重组与破产业务团队获得了长沙市经济开发区政府的书面肯定，案件本身也被长沙市中级人民法院作为服务两型社会的典型案例，在该院当年度人大会议工作报告中给予认可。

再如，劳动法领域，合伙人曾佳魁的团队曾承接了一起交通事故逃逸案：员工彭某在上班途中发生交通事故，对方车辆逃逸，路段又缺乏监控，导致交警无法进行责任划分，仅出具了一份事故证明。长沙县人力资源和社会保障局为此作出不予认定工伤的决定。彭某家属找到曾佳魁请求帮助。

曾佳魁团队介入后，一方面立即帮助家属收集可能存在的目击证人，另一方面根据交警做的痕迹鉴定找出了交警存在的程序违规行为。随后，曾佳魁团队进行了大量资料检索，结合全国其他地区的类似案例形成了检索报告，并迅速提请了行政诉讼。尽管法院支持了曾佳魁团队的意见，撤销了不予认定工伤决定，但县人社局第二次仍作出了不予认定工伤决定，曾佳魁团队为此提起第二次行政诉讼并获得法院支持。尽管如此，事情仍然一波三折——诉讼过程中，人社局分管工伤认定的副局长发生了人事调动，给第三次工伤认定增加了新的考验。为了说服人社局作出经得起历史考验的认定结论，曾佳魁团队给人社局的所有党委成员写了一份法律意见书，并通过持续努力，推动人社局对彭某作出认定工伤决定。这一案例开了湖南省内在没有交通事故责任书的情况下认定工伤的先河，案件本身也入选了2017中世律所联盟双年奖“劳动法律服务大奖”。

……

不仅如此，天地人还充分整合内部资源、发挥自身优势，通过专业服务推动社会经济发展，并为此屡屡博得政府部门、相关机构的高度认可，以法律为支点撬动更多经济效益。

例如，在行政法律事务领域，天地人曾为某水务公司诉请解除案涉合同并要求某市人民政府向其支付回购固定资产价款、保底水费、预期可得利益、库存价值、律师费等合计约 5.4 亿元的诉讼案提供服务。代理此案的朱亚律师通过精准制订案件诉讼策略，在诉讼占优的情况下促成有利调解，为地方政府减损金额超 3.6 亿元，获得了地方政府的好评和高度认可。

在业务量相对较少的涉外领域，天地人同样克服内陆省份短板，参与了众多新型项目。

2019 年，古巴基因工程和生物技术中心与永州市开发建设投资有限公司签署了《CIGB 和 IDCY 关于联合开发 CIGB - 300，CIGB - 210，PHYCOCYANOBILIN 和登革热抑制剂项目的合作协议》《中国—古巴生物技术联合创新中心管理协议》，以期在抗肺癌、抗艾滋病毒、治疗中风、抑制登革热等药物的研发生产以及管理等方面开展更深入的合作。中国—古巴生物技术联合创新中心是湖南省重要的生物科技项目，项目得到了国家发改委，省市各级领导、部门的重视，也是中国和古巴政府间唯一的合作项目——天地人为此由陈值律师牵头，组建了一支以英文为工作语言的专业项目组，担任本项目中方顾问律师，为中方提供了大力支持，累计节省资金千万余元，并最终协助项目成功签约。

2021 年 5 月，邹红艳律师团队又为交通银行股份有限公司向 VOSSLOH LOCOMOTIVES GMBH（德国福斯罗机车）提供离岸贷款项目法律顾问服务。这一项目意义重大，德国商报为此撰文评价：“这是中车真正站稳欧洲这个世界轨道交通第一大市场的重要一步。”

更严格的服务标准

与相对务虚的道德标准、外行难懂的专业标准不同，服务标准是客户、当事人需求最迫切也是最能直接感受到的一项标准——其他行业往往不太能看出律师是不是够专业，为了最好的结果也不在乎是不是遵纪守法，但你服务到不到位，“我说了算”。

即使如此，天地人仍在坚持道德标准、专业标准的前提下博得了众多当事人、客户的认可，不难窥见其服务的精益求精。

举个例子，单单通过民商事争议解决帮助企业或个体达成最优结果，收获当事人乃至其他相关方的感谢、锦旗的案例，天地人这边就不胜枚举。

例如，专注复杂疑难民商事争议解决的谢沁，为了实现最优的案件处理效果，经常带着团队通宵达旦“攻坚”，甚至在被同事和家人“拖着”去医院也不肯落下项目进度——这种拼劲屡屡赢得客户的高度认可。

“天地人与我们稳定合作近二十年，不仅是因为谢律师他们专业精深，能够为政府规划、园区经营、产业发展提供独到见解，也因为他们始终多年如一日保持十分敬业的服务态度，基本上随叫随到，有时我们讨论重大问题后深夜两三点向他们咨询请教，他们都会不厌其烦地给出详细解答。”湖南省工商联法律处处长文卫民表示。

2020年新冠肺炎疫情刚爆发时，工商联大年初二紧急开始上班，考虑到疫情当前众多企业可能面临的种种困惑，文卫民试探性地向谢沁发出邀请：“你们能不能派驻律师过来和我们一块值班，为企业答疑解惑?”谢沁听后二话不说，当即就沟通联系了团队内的律师从老家奔赴现场，其间自己也是随时待命——这件事令文卫民印象深刻。“在一次次参访中，我们发现天地人底蕴深厚、运作规范，党建、团建工作也做得扎实。也许正因如此，才让他们不断培养出一批又一批专业、敬业又极具职业操守的优秀律师。”

另一个例子则是服务高新开发区的唐皇律师团队。由于事务繁多、要求极高，且很多时候需要律师驻场服务，高开区的业务并不轻松，但天地人律师用自身的表现折服了对方——高开区法务部的负责人曾专程来到所里，对驻场服务的律师表示赞赏。

对于天地人而言，一起起代表性案例、一次次来自客户的赞赏与认可固然意味着品牌影响力的一步步增强，意味着律师服务能力的不断提升，但如果追溯天地人的立所之源，又很容易发现，这实质上和当初那批创始人“追求公平正义”的初心不谋而合。

以律师为事业，最基础的固然是解决个人温饱问题，更进一步则是尽己所能并最大限度地为客户追求最佳结果——在此之上，又是什么？

天地人律师的做法，是通过法律服务推动社会效益的提升；社会效益的不断提升，本质上也是以创造更多价值的方式去推动和促进社会公平的实现。“这和律师的自身特点、最终使命也是一致的。”翟玉华认为，“这也是天地人律师对于专业的解读，专业，就是律师用以实现更大正义的手段和武器”。

正是这种对于专业、对于公平正义的坚持，让天地人得到了客户的认可、得到了案件相关方的认可，更重要的是，它也让每位天地人律师对自己所从事的事业、所前往的目的地产生了认同与共鸣。

支部建在业务团队

翟玉华学习“三湾改编”的成功经验，在天地人提出了“支部建在团队上”。“想要把支部工作做得更深入、更接地气，就必须好好解决组织问题、思想问题。”

当然，律所并不是旧军阀，但作为合伙人聚合体，组织过于松散一直是一大问题。而“支部建在团队上”恰恰针对的就是这点。

近年来，天地人党委结合律师业实际，顺应“律师团队化、团队专业化”的发展趋势，优化支部设置、党建业务相融、丰富党建活动、彰显党建品牌，探索了一条将支部建在律师团队上、把党的领导融入律所管理和律师团队建设的各个环节的新路，破解了律所党建和业务“两张皮”的问题，形成党的建设、律所管理和律师团队共同快速发展的新格局，彰显支部和律师团队建设活力。

第一，优化支部设置，规范组织建设。1998 年天地人成立党支部，2017 年 1 月升格为党委，2022 年有党员 220 多名，占律师总人数的 56%。党员律师模范带头作用的发挥更显重要。

天地人党委按照有利于发展党支部战斗堡垒作用和党员先锋模范作用的要求，改变以往按办公区域、年龄、进所时间等设置党支部的做法，逐步以律师团队为单元设置党支部。一是及时调整。2016 年在律师团队有 20 多个时，设立党支部 10 个；2019 年在律师团队有 30 多个时，设立党支部 14 个；2022 年 3 月在律师团队有 50 多个时，又通过严格的重组换届新建 20 个党支部。二是优化成员。在支部组建上不搞“拉郎配”，支部和律师团队成员遵循从事专业、业务研究方向基本相近、人和为主的原则。三是配强书记。选拔党性强、业务精、有威信、肯奉献的党员团队负责人或党员律师骨干担任党支部书记，党支部委员一般由重点培养的业务新秀党员律师担任。

第二，分工负责明确，党建业务相融。随着天地人所把党支部建在律师团队的工作深入开展，积极探索出了“分工负责明确、党建业务相融”的工作机制。党支部主要分管政治思想、道德建设、党建活动工作，帮助组织调动团队的积极性；律师团队主要是负责专业建设、市场建设、市场拓展等方面。由于党支部成员在一个团队，可以时间统一、认识统一、行动统一，保证了党组织活动更加规范、方便和有效。一是把支部政治思想教育融入律师团队的专业学习之中，二是把支部道德建设融入律师团队执业纪律管理之中，三是把支部党建共建活动融入律师团队市场拓展之中。

党建工作机制的施行，有效地克服了律师行业党建与业务“两张皮”的问题。目前，天地人所党建和团建紧密结合，从队伍的组织建设到日常的组织管理、业务学习、政治学习，职业道德、执业纪律、市场拓展融为一体，有力地推动律所党建工作与业务的双融合、双促进、双见成效。使“三会一课”制度、民主生活会和组织生活会制度、民主评议党员制度的落实有了时间、精力和组织上的保证。

第三，丰富党建活动，组织活力剧增。把党支部建在律师团队上，党支部和律师团队做到同管理、同学习、同活动、同发展，从而保证了党组织活动更加规范和富有成效。

一是政治和业务学习更加规范。天地人各党支部与律师团队坚持把政治学习与业务学习相结合，做到每周一期，从不间断。其中，第七党支部每周四晚上学习，已坚持100多期。各支部先后学习了习近平法治思想等重要内容，开展了“三会一课”、民主生活会和组织生活会，同时还学习了《民法典》等各类业务知识。在整体氛围的带动下，仅2022年天地人就有近90%的支部与律师团队组织学习40多场次以上。与此同时，天地人的公益活动更加丰富。浓厚的党建氛围带动了党员和律师团队成员公益活动的开展。进企业：2019~2022年，天地人律师为各类企业授课600余次，为中小微企业树立法律意识贡献力量。进社区：天地人派遣11名党员律师与岳麓区观沙岭街道所辖11个社区签订公益法律顾问合同，每月28日为律师值班日。2019~2022年，共开展公益普法服务讲座200场次，受众达1300多人次，法律咨询4000人次，处理各类法律纠纷120多起。进农村：2019~2022年，天地人委派二支部7名律师坚持每月28日到长沙县莲花镇辖区12个村居提供常年公益法律服务，为乡村振兴贡献力量。累计为村民解答法律咨询500余次。2019~2022年，天地人开展公益各类活动400多场次，法律援助150多件，为抗疫捐款捐物达30多万元。

二是党建共建更有成效。党支部之间开展党建结对共建交流活动，是实现基层党组织工作互动和相互学习，提升党建水平的重要方式。

譬如，第七党支部书记黄晓妹的团队：作为天地人第一个将支部建立在团队上的尝试，黄晓妹一开始就树立了“以党建促发展，建设学习型团队”的团队发展目标。为此，2020年起，团队每周四晚上都会开展“每周一学”，不仅学习思想政治，也交流业务、法律法规、典型案例，并部署支部工作，至今已坚持近100多期。“这种形式不仅提升了自己，还意外赢得了来自外部的认可。”黄晓妹提到。因为每次都会在朋友圈分享学习场景，久而久之还吸引了外部法检工作者和律师慕名前来旁听或参与，还在2022年年初吸引了两家行政机关通过线上的形式加入——从内部培训做成了“大沙龙”。

譬如，第六党支部书记陈恩德，于实践中系统性地总结了党建与团队的结合之法，多方位拓宽思路，以各类活动、比赛形式开展团队党建工作，将党建理念融入个人纪律与公益奉献之中，还积极与客户单位开展党建共建活动，联系客户单位交流参访、加深印象——与长沙银行进行的金融、合规分享培训就是典例。“如今，一个‘党建带团队、团队促业务’的良性循环正在初步形成。”陈恩德表示。

第四，业务建设快速，彰显党建品牌。由于把党支部建在律师团队上，天地人党组织政治功能、组织功能得到了日益彰显，业务建设、党建工作取得了明显成绩。在业务建设上：一是团队专业建设效果明显。律所打造了全新“团队路演荟”活动，完成了律师团队系统化的品牌、产品、市场、业务梳理和升级。二是专业产品更加精细。完成了律师专业领域法律服务手册的研发，实现获客升级。三是专业培训更加丰富。重点打造天地人大讲堂、新人训练营等培训平台，2019～2022 年共开展 300 余次各类专业培训活动，形成了较好的专业学习氛围。四是市场品牌建设更上一层楼。律所成功荣获钱伯斯亚太法律指南 2022 年公司商事·中部一等，翟玉华、唐学锋、刘玉春、李明四位律师齐上钱伯斯亚太法律指南 2022 公司商事·中部律师榜单，ALB 2021 年度中国中东部律师事务所大奖提名，2021 ALB China 十五佳成长律所，数名律师载誉司法部精选案例。在党建方面：天地人党组织实现了对律所组织、思想、业务、文化、群团、人才、公益等方面的统领。近年来，天地人先后荣获湖南省非公有制经济组织和社会组织“标杆党组织”，湖南省非公有制经济组织和社会组织“先进基层党组织”，中共湖南省委宣传部、湖南省文明办、湖南省司法厅 2021 年度湖南省“最美公益普法集体”荣誉称号。天地人共青团获第 20 届“青年文明号”荣誉称号。天地人妇委会获“2020 年度省直单位先进妇委会组织”荣誉称号。同时，天地人各支部和律师团队也取得了显著成绩，第六党支部（法律执行团队）荣获 2021 年度省直会员所党委“优秀党支部”称号，第三党支部（劳动与人力资源法律服务团队）荣获 2021 年度“省直司法行政系统青年文明号”称号，第九党支部（涉外法律服务团队）在省共青团等十家举办的第二届“寻找湖湘最美丝路青年”活动中荣获先进集体称号。

新时代，新征程，新使命。天地人党委将按照新时代党的建设总要求，不断深化“把党支部建在律师团队上”党建模式，充分发挥支部战斗堡垒和党员模范作用，争当党和人民满意的好律师，为实现天地人“一流律师事务所、一流服务品牌”而努力。

第一家，进驻自贸区

天地人并不是没考虑过规模化：在数次不算太成功的分支机构尝试后，天地人逐渐摆脱了“大即是强”的桎梏，转而开始认真思考分支机构的真正价值。

2020 年 9 月，习近平总书记亲临湖南考察，赋予湖南“三高四新”战略定位和使命任务：着力打造国家重要先进制造业、具有核心竞争力的科技创新、内陆地区改革开放的高地，在推动高质量发展上闯出新路子，在构建新发展格局中展现新作为，在推动中部地区崛起和长江经济带发展中彰显新担当，奋力谱写新时代坚持和发展中国特色社会主义的湖南新篇章。

2021 年 11 月，中国共产党湖南省第十二次代会大会报告历史性地提出“实施强省会战略”，把支持省会城市做大做强上升到重大改革战略层面，在湖南发展史上尚属首次，具有里程碑式的重大意义。

湖南，则是中非贸易的重要口岸。2019 年中非博览会永久落户湖南以来，湖南不仅全力落实中非合作“九项工程”，还积极推进中国（湖南）自由贸易试验区的建设，全力打造中非经贸深度合作先行区，构建功能互补、协调互动、错位发展的“一核心、三片区、五大功能聚集区”布局。

2020 年 9 月，国新办举行了“北京、湖南、安徽自由贸易试验区总体方案及浙江自由贸易试验区扩展区域方案发布会”。

传闻已久的“湖南自贸区”终于落地。

湖南自贸区，全称是“中国（湖南）自由贸易试验区”，实施范围119.76平方公里，涵盖长沙、岳阳和郴州三个片区。湖南自贸区的战略定位是，以制度创新为核心，着力打造世界级先进制造业集群、联通长江经济带和粤港澳大湾区的国际投资贸易走廊、中非经贸深度合作先行区和内陆开放新高地。

其中，包括黄花综合保税区在内、面积达79.98平方公里的长沙片区无疑是重中之重。这不仅是因为长沙在湖南产业体系中属于核心地位，也是考虑到长沙作为中非经贸博览会的长期落户地，建立了中非深度合作先行示范区，在中非贸易和对外开放方面占据先天优势。

伴随湖南“三高四新”战略实施、“强省会”战略提出、自贸区长沙片区落地、长沙对接“一带一路”倡议的排头兵、长株潭都市圈获批和建设等利好政策，长沙许多新产业迎来发展契机。体现在律所客户群上，三类客户成长速度较快：一是先进制造业客户，如三一重工、中联重科、山河智能、中国中车；二是自贸区客户，如雨非公司、中湘海外；三是企业合规类客户，如湘江金融科技、湖南有色集团。湖南自贸区的发展刺激了“一带一路”等涉外法律服务需求的增长；智能制造业则引发了大数据及相关合规业务的发展；另外，资本市场、知识产权和破产重整业务也可谓生机勃勃。

身处湖南，骨子里又有服务地区经济建设的基因，天地人也开始思忖自己能在中非贸易这块做些什么。天地人敏锐地嗅到了这一动作可能带来的机遇。方案文件下发不久，天地人就着手筹备天地人（自贸区长沙片区）律师事务所（以下简称自贸区分所），2021年4月，天地人拿到了在自贸区开设分所的批文和证书。

2021年9月17日，在位于雨花区高桥大市场的中非经贸合作促进创新示范园，天地人自贸区分所宣告开业，天地人也由此成为第一家在湖南自贸区长沙片区设立分所的律师事务所。此时，距国务院印发《中国（湖南）自由贸易试验区总体方案》也才过去一年。

一身银色连衣裙的邹红艳出场，以天地人合伙人和管委会成员的身份，与列席的时任湖南省中非经贸合作研究会会长徐湘平一同揭开了覆在“湖南省中非经贸合作研究会法律中心”牌匾上的红绸。

由于自身的先发性，看起来只是普通分支机构的天地人自贸区分所实则背负远大于此的使命。

一方面，自贸区分所与湖南省中非经贸合作研究会深度合作，因而承担了研究会法律中心的职能。这一方面职能主要分为服务高端产业、对接区域投资、整合全球资源等几块。

服务高端产业，指的是长沙历来强势的先进制造业，如工程机械、轨道交通，在未来提高制造业智能化水平、推动产业升级的背景下，自贸区分所可以发挥与之对应的服务作用。对接区域投资，指的是对接如粤港澳大湾区、长江经济带的国际投资和贸易走廊，这方面自贸区分所亦可以服务和推动其进程。整合全球资源，指的是自贸区分所能够快速对接全球各地的法律服务资源，从而进行一体化的全球法律服务。在自贸区分所的开业仪式上，就有不少来自全球各地的合作伙伴通过视频形式发来祝福。

另一方面，自贸区分所和湘潭大学合作，成立了湘潭大学中国—非洲经贸法律研究院实习基地、湘潭大学中非法律与人文交流基地实习基地。湘潭大学很早就针对中非经贸展开法律研究，还专门成立了中非法律研究院，迄今已有近 30 年积累。自贸区分所在承担实训基地的工作后，每年都会迎来湘潭大学的导师、学生到此实训，进行跨文化交流。“我们也计划采取一些新措施引导和促进中非双方的交流，譬如开办一些小型沙龙，每期都连线至少一位外国嘉宾进行沟通分享，争取将自贸区分所打造成改革开放新高地的一个标杆。”邹红艳表示。

自贸区分所成立后，天地人还积极与省市贸促会合作，协办论坛，成立各种贸易商会。在 2022 年召开的服贸会中，天地人是全国 30 多家参展的律所之一。此外，司法部国家级法治人才库 80 人名单中，全国律师入选不过寥寥 37 个人，其中就包括天地人的 1 名律师。

天地人邹红艳律师作为唯一深度参与湖南省自贸区创建申报和中非经贸

博览会两项重大任务的律师，在一年多的时间里，参加各高层级筹备会议超过30次，上交至国家部委的申报文件也都凝结着邹红艳律师的一份心血。邹红艳律师全面参与、无私贡献，为湖南省商务厅在以上两个重大战略实施过程中提供了专业、高效的法律服务，为湖南省自贸区的成功申报和湖南中非合作促进研究会的顺利设立给予了有力的法律支持。2020年8月，湖南省商务厅特专函向邹红艳律师致谢。

在湖南早几年几个全国瞩目的“走出去”项目中，都有天地人律所的保驾护航。无论是中联重科收购意大利CIFA（2008年中国在欧洲的最大跨国并购项目），2010年华菱钢铁集团收购及定向增持澳洲第三大铁矿石公司FMG股权（湖南迄今规模最大的跨国并购项目），还是2012年三一重工收购德国普茨迈斯特（被誉为“中德示范性交易”），天地人都深度提供了上述项目的融资法律服务，并创新了境外融资担保模式。中国进出口银行湖南省分行2007年进入湖南，天地人为其提供了15年的常年法律服务、30余项重大海外融资及海外资产处置专项，为其扎根湖南乃至开疆拓土提供了全方位法律支持。

天地人紧跟“开放湖南”重大战略实施和重大任务，助力“一带一路”建设。近几年，天地人助力多个上市公司的全球化布局。比如，2018年湖南泰嘉股份收购德国百年名企ARNTZGmbH + Co. KG（被誉为中国带锯行业国际化战略的关键一步），2020~2021年落子印度、越南等。又如，中联重科收购世界领先的动臂变幅塔式起重机制造商WILBERT（中联由此实现全球塔吊业务的全方位覆盖），天地人作为收购方/投资方全球总法律顾问，在以上项目交易结构上做了多层设计，在避免巨大税负和优化交易进程上都作出了重要贡献。天地人也为圣湘生物全球海外公司及分支机构提供常年法律服务及投资风险控制专项，为华菱钢铁提供海外主债权变更登记专项等。

天地人自贸区分所聚焦自贸法律服务，就湖南自贸区建设的三级政府部门（省级商务部门、市级长沙片区管委会、雨花区块管委会、郴州区块管委会等）为国家试政策、为地方谋发展提供政策研究、项目论证、实务风控等法律支持，服务湖南自贸区入驻企业以及研究会会员企业近20家，并以法律服务为抓手，成功为湖南自贸区招商引资。

2021年1月7日，天地人牵头成立的法律中心正式入驻中国（湖南）自贸试验区，依托中非经贸博览会和中非经贸深度合作先行区两大国家级平台，天地人自贸所聚集全球高端法律资源，联合湘潭大学共建湖南省中非经贸合作研究会法律中心，打造国内领先的中非经贸促进综合性的服务机构。法律中心现已完成非洲54国约10,000部非洲最新主要法律原本搜集和下载，已获取国内外涉及非洲法律数据库的网站220个，已完成非洲十国环境法、破产法、矿业法、海关法、税法、宪法等法律文本翻译超300万字，已组织非洲国家国别研究、政策法规及风险防范、国际贸易系列主题沙龙近百场，参与人数累计超过1000人次。

2011年以来，因在海外投资领域表现突出，本所邹红艳律师受聘担任湖南省委、省政府法律顾问，至今一直为“开放湖南”“一带一路”建设等重大项目保驾护航；2013年，邹律师入选全国律协首批涉外领军人才库；2019年，邹红艳、李楠、杨聪、张南宁四位律师入选司法部首批全国千名涉外律师名单，赵奕先、孔天悦律师入选湖南省涉外律师领军人才，李楠律师、卢成章律师担任湖南省境外企业法律咨询服务中心智库专家。

2021年，邹红艳律师主笔的《论中国（湖南）自由贸易试验区法律制度构建》，在由中共湖南省委全面依法治省委员会办公室、湖南省司法厅主办的2021年“学习贯彻习近平法治思想　建设更高水平法治湖南”理论研讨会征文评选中获二等奖。

近30年的发展中，天地人紧跟“开放湖南”重大战略实施和重大任务，助力“一带一路”建设，贡献出湘军律师的力量。天地人将继续秉承专业化、规模化、国际化、现代化的视角，以超越商业功利的法治情怀、诚信正义的执业操守、精湛成熟的专业服务大力落实湖南“三高四新”战略，为湖南省“一带一路”建设作出更大贡献。

未来，天地人还倾向于将自贸区分所打造成一个和地方业态发展高度挂钩的法律服务平台，以湖南自贸区为基点，为客户撬动全球资源。当然，想要实现这一愿景，还需要长时间的努力。运营不到一年，自贸区分所就已经拥有十余人的规模，也积累了一定量的稳定客户。

天地人已发展成为湖南国际业务法律服务的先行者与引领者。

领导力，也是竞争力

习近平总书记指出，坚持党的领导、加强党的建设，是我国国有企业的光荣传统，是国有企业的“根”和“魂”，是我国国有企业的独特优势。天地人党委深入贯彻落实习近平总书记两个“一以贯之”的重要论述，把加强党的领导与完善律所管理紧密结合起来，将党组织内嵌到律所管理全过程、各环节，扎实做好党委议事规则与律所管理决策机制的无缝衔接，充分发挥党委参与律所重大事项决策，把方向、管大局、保落实的重要作用。党的领导体现为统揽全局、协调各方，通过民主集中制来实现。天地人通过法定程序修订了律所章程，明确律所党委在律所管理层结构中的法定地位以及党委会作为重大事项决策的前置程序，着力发挥党委凝聚共识、把关定向作用。

2021 年，天地人修订《章程》，在第一章序言中增加了“本所坚持和拥护中国共产党的领导，坚持中国特色社会主义法治理念，维护司法公正，维护法律权威”。重点增加了第五节“党组织的地位和作用”：

“第三十三条　本所党组织是中国共产党在本所设立的政治组织，使命是保证本所发展的政治方向，执行党的方针、政策。本所党组织发挥战斗堡垒作用，党员发挥先锋模范作用。

“第三十四条　本所设立党的基层委员会，设立党的纪律检查委员会，党委下设若干支部。

“第三十五条　党委的职责：

（一）组织本所管理委员会和监事会的换届工作；

1. 确定管理委员会、监事会成员候选人的条件；

2. 制定推选程序；

3. 确定候选人名单；

4. 组织选举活动。

（二）拟订本所中长期发展规划；

（三）负责本所工作人员的思想政治工作；

（四）参与本所的重大决策；

（五）对危难险重任务组织党员突击攻关；

（六）组织党员在本所发展中发挥先锋模范作用；

（七）对评先评优、推选党代表、人大代表、政协委员以及相关机关选拔任用的人员进行政治把关；

（八）对管理委员会、监事会等高级管理人员的任免提出建议等。

“第三十六条　党的群团组织

本所工会、共青团、妇委会是中国共产党领导下的群团组织，在本所党委的领导下开展工作。”

这次章程修订，用翟玉华的话说：“要从贡献和能力层面保障选取出来的管理者符合律所要求。”

章程修改之后，首先仍由合伙人推选管委会委员、监事会成员的候选人，推选出来之后，由天地人党委对候选人进行审查把关，审查维度包括但不限于道德纪律、工作态度、工作成效、履职能力。候选人确定后，在全所范围进行公示和征求意见，随后提交合伙人会议表决，进行差额选举，差额为 10%。

另一项重大变化则是给管理者制定了具体的考核目标。新的考核体系下，对管理效果的评估被划分成了三大块：人力资源建设、专业建设以及市场品牌建设。包括专业产品打造、专业团队建设、业务质量提升等在内的方方面面都设置有年化指标，并由考核端分解到每个月进行效果考察。

考核端分为两条线：一条是行政层面，由纪委、监事会对管理者的管理效果进行分析考察；另一条是党委层面，主要负责思想建设工作，增加律所凝聚力。党委的工作被拆解安排到每位具体党委委员身上，每个人都会负责好几个支部。

此外，章程还给党组织定下了两大主要任务：一是把握律所发展正确方向，制定律所发展规划；二是负责律所用人，即合伙人推选候选人，党委把关，差额选举、投票表决。

如此一来，有制度鼓励，有党委把关，天地人成功让一部分优秀人才得以冒头，并驱动他们组成火车头，牵引整个律所向前发展。“目前，天地人在领导力方面的竞争力小有成效，正向着全所上下一盘棋的方向发展。以党委核心领导力提升天地人核心竞争力，创新了党建模式，激发了律师活力；夯实了党建根基，筑牢了战斗堡垒；树立了鲜明的用人导向，营造了良好的政治生态。”翟玉华表示。

在新的章程指引下，配合着差异化建设工程的实施，天地人陆续成立了59个业务团队，设立20个党支部、19个专业委员会，一大批优秀律师成为管委会委员、监事会成员、业务团队负责人、党支部书记和专业委员会主任。他们慢慢成长为天地人的中流砥柱。

“近几年，所里培养出了不少新一代的优秀律师，他们有的开始带徒弟、团队，在业务层面拔得头筹；有的则热心所务，在管理方面崭露头角。同时，很多天地人中青年律师乃至是年轻律师都被推到了省律协各个专委会，经历更多历练的同时也为行业做出更多贡献，努力发光发热。”这是老一辈眼里天地人的蓬勃。

“我们新组建了天地人发展研究中心，用来对当前的热点难点法律问题以及法律服务市场整体发展趋势进行专门研究；我们还成立了刑事法律风险防范中心，专门针对民营企业面临的刑事风险进行防范、化解，还举办了各种宣讲会、报告发布会。这都是我们在法律前沿进行的探索与尝试。”这是中生代眼里天地人的锐进。

“近几年，天地人对整个品牌建设、规范管理和律师服务等方面都越发重视。我记得刚来天地人时，行政办可能总共就 4 个人。如今，行政团队已经发展到了二十多人，无论是最基础的前台服务，还是行政财务、品牌宣发、后台技术支持，乃至团队建设方面的工作，都有了长足的进步。”这是青年人眼里天地人的新貌。

老、中、青……不同年龄、不同职级的天地人成员，对天地人近几年的发展变化有不同的看法和理解。某种意义上，这也是天地人“和而不同”文化的一种反映。

“过去这些年，我们就没有‘安分’过。”翟玉华笑道。

确实如此，从最早一批律师毅然跳出体制开律所，到始终坚持“一身正气”，又到湖南第一个买楼，再到如今进一步寻求自我突破，天地人的“不安分”延续了二十余年，在可预见的未来，显然也会继续下去。

律师是个“难管”的群体：特有的独狼属性，使得要管理这样一群颇为“桀骜不驯”的人是十分困难的，他们大多更相信自己的才干，并可能对律所平台没有太多归属感；当律所的管理制度过于强硬时，他们可能会产生“逆反”心理而选择离开。与此同时，律所管理是一个系统工程，改革者们需要建立体系化的思考、理念和方法论，而不能单点照搬，且还会面临“有限的时间里既要做业务，又要做管理”的普遍困境。

“要提升律所领导力，就要不断推出更多优秀人才，并推动他们进入管理层。”翟玉华表示。

2020 年 6 月，天地人专门邀请外部咨询机构来给所里的管理层们“上课”，开设了一堂时长达 6 个半小时的领导力专门培训。这门课撬动了更多天地人律师参与领导力的讨论，也点燃了关于“领导力提升”和“律所革新”的火把。

“百万年薪”聘请执行主任

查鹏是安徽人。

和合伙人一样，他在天地人有一间办公室，但查鹏不是一名律师。

2021 年来天地人之前，他长期在互联网公司工作。2018 年，他选择进入法律行业创业，开设了一家专门帮助律师团队开展品牌化、产品化、市场化等业务标准化工作的公司。

现在，他在天地人担任执行主任，纸面年薪是 100 万元。

乍一看好像也没什么——100 万元对获得稳定案源后的合伙人来说并不算很难达成的目标，更别说其中很大一部分是需要实现既定目标后才能到手的“绩效奖金”。

关键在于，查鹏不是律师。

正如前文所言，很多律所虽然也设置有“执行主任”或者功能类似的席位，但任职的管理者往往还是从律师群体中拔擢。也因此，当天地人在 2020 年年底拍出一份“百万年薪招执行主任、市场总监”的公告，且不要求职业为律师时，立刻就在业内激起了一番讨论。

有人认为，执行主任的工作不能量化，解决不了考核内容和考核标准，想要实现这一职位的预期目标，难。

也有人认为，有丰富律所管理经验的，往往收入都不会低于 100 万元，想招到与之匹配的人才，很难。

更有人直接发出“哗众取宠”的质疑。

实际上，所内对此也有不少不看好的声音。这很正常。前面提到，如果律所管理者是律师，就得面临业务和管理时间分配的问题；如果管理者不是律师，就得面临对律师群体的了解程度和能不能“服众”的问题，而引入非律师的执行主任、市场总监看起来并没能解决这一“悖论”。

虽然业内不是没有类似尝试，比如有的律所会从底层入手，围绕职业经理人设计一套与之对应的制度；但作为一家相对偏传统的律所，天地人显然承担不起这样一番自上而下的改革可能导致的动荡。

但天地人也有自己的优势。

在查鹏看来，相较于此前他接触过的一些传统律所，天地人有两个相对突出的特征：其一，在集中律所力量推动一些重要工作的实施方面，天地人表现出传统律所中难能可贵的执行力；其二，天地人 50 多个团队里，有 20 多个团队已经确立了自己的核心业务方向，在差异化方面也取得了一些成果——这显然得益于从 2019 年就开始推进的差异化建设工作。

因此，除了统筹律所运营管理工作外，给作为执行主任的查鹏安排了两项重点核心任务——团队化建设和专业化建设。

基于这两个明确方向，上任之后，查鹏重点推进了几方面工作：

其一，在团队建设方面，锁定所里专业方向做得比较好的明星团队，在长沙市的核心区域开展了几次“路演”——相较于沿海地区的渐趋成熟，路演这种形式在内地还处在试验和探索阶段，更别说开展者是一家律师事务所。

如 2021 年 6 月 18 日第一期“法律路演荟”，天地人邀请陈恩德牵头的执行法律服务团队、陈开明牵头的劳动与人力资源法律服务团队、龚族锋牵头的能源法律服务团队、佘智海牵头的房地产法律服务团队于 C 座 4 楼展开路演。

正是这样一次看起来比较“时髦”的活动，在所内外都取得了不错的效果：一方面，不少人乃至同行看到或听说天地人办了这样一次活动，刷新了对天地人的印象，引起了他们对天地人的兴趣；另一方面，第一次路演结束后，所里就有好几个持保留态度的律师直接敲开查鹏的办公室门，表示自己的团队下次也可以加入进来——这次路演无疑刺激了那些还没找到专业化方向的团队。

其二，在专业建设方面，由于传统大所在公共案源方面的推进往往是最困难的一环，很容易因为存量改革的失败导致专业化建设的停滞，因此，天地人采取了相对缓和的方式进行推进，走律师团队—专业团队—专业部门的路线。

新的执行主任制实施后，要说立即产生了翻天覆地的变化，那也没有。但翟玉华发现，所里对于查鹏的认可渐渐多了起来，一些细微的变化也随之发生：更多律师开始主动谈论起专业化、团队化，会议室的预约也多了起来，时常还能听见里边传来的激烈讨论声。

“所有新事物都会经历一个从不了解到了解，再到接受的过程。”翟玉华表示。尽管对于这次“年薪百万”的尝试还无法下一定论，也许在未来某天，这种尝试可能面临阻难、难以为继，但下一次尝试也会很快诞生——对于变化的渴求就像一段基因序列，一旦植入，就会不停延续，直至引发更为彻底的变革。

做强一体化运营能力的“未来律所”

“未来律所竞争的核心，是运营能力的强弱对比。对于像天地人这样规模的律所来说，中台①能力建设是运营提升的关键。”2022 年 2 月 26 日下午，在主题为“运营驱动，创新赋能”的“2022 律所管理运营创新发展论坛”中，查鹏提出了以上观点。

上任以来，他正是遵循这样的思路在推进着天地人的中台建设：“我希望大家能意识到天地人身上的另一个标签：运营能力好。”

此前，由于天地人更注重内部的专业与质量把控，外部对于天地人的印象往往流于浅表：行外人提到天地人可能多是一句“湖南地区数一数二的头部大所”；行内少有了解或接触不深的可能会点出“天地人的提成比例相比其他律所低一点”——这点，说明外部人员并不是很了解天地人。天地人应

① 中台是互联网术语，是指搭建一个灵活快速应对变化的架构，快速实现前端提出的需求，避免重复建设，达到提高工作效率目的。

该是目前国内提成制大所里面，一体化程度相对比较高的律所，所以相比较与传统提成制律所，天地人在律所公共平台领域有大量的投入，只是很多人并没有意识到天地人在律师执业方面提供的隐性优势，所以实际律师到手的提成比例并不低于大部分律师事务所。

这种优势既包括天地人一以贯之的“以人为本”、规范严格的税收社保政策，也包括“零成本”开放给大家使用的办公区域，还包括丰富多样的培训、沙龙、论坛、文娱体育活动以及旅游、体检等福利措施，甚至包括高效的决策和对律师的充足支持。天地人的组织结构也可分为前台、中台、后台。前台指所有的律师及律师团队，他们是核心的作战单元；中台负责研发服务产品、管理公共案源以及中台案源、打造业务标准化、建设品牌等；后台则是指人资、财务、风控、网络、党建等后勤支持部门。

其中，中台和后台的存在，是为了给前台提供支持。在查鹏看来，给律师团队赋能，最关键在于想办法提升中台的能力和力量。他说：“大部分的律所只有前台、后台两部分，却忽视了中台在公共积累、公共资源调配上所起到的巨大作用，没有将律所的作用发挥到极致。”

而在当下，推动律所一体化建设，是进一步提升天地人服务律师、赋能律师能力的重点举措，具体而言，分为四块：

一是团队建设。

随着行业发展程度不断加深，业务领域随之细分，客户一方面希望在细分领域获得更为专业的服务，另一方面也希望律所能提供一站式全链条服务——前者需要专业，后者则需要规模。经过长期培养演进，天地人已经有50多个团队，并逐步确定了律所支持团队建设的三个关键因素：氛围、抓手，以及资源。

氛围方面，前文已经提到，天地人内部一直强调“律师团队化，团队专业化”。而今，天地人又在这一理念的基础上探索“专业＋行业”双定位，形成了一批服务于教育文娱、矿产能源、城市建设运营等行业领域的优秀团队。

抓手方面，为了推动所内的团队化，天地人曾尝试过组织团队层面的辅导、交流活动，后来才在一次次探索里找准了这个抓手：路演，以路演形式来打造团队建设的“舞台”。路演，既是对团队特色的展示，本质上也是一种倒逼团队全方位提升产品、品牌、业务和服务能力，最终实现内部优化升级的手段。

资源方面，团队化不能只是口头支持。天地人不仅为团队提供辅导，在公共案源方面给予他们更多支持，还着力研发更多服务产品并向团队倾斜这方面资源。

2022 年，天地人又倡导和发起了新的“团队运营计划”。这一计划面向全体新加入天地人的团队开放，为他们提供产品打造、品牌梳理、知识管理、案源支持等方方面面的扶持，以帮助他们在天地人实现更好地发展。

二是专业建设。

专业建设是律所核心建设工程，而律所推行专业化建设的核心价值在于支持和提升：获客效率的提升、专业服务效率的提升、专业品牌提升。

从这个层面上讲，专业化建设有 4 个关键因素：服务产品研发、知识管理共享、服务标准建立、专业品牌打造。

截至 2022 年 3 月，天地人在律所覆盖的 17 个专业领域均已开发形成服务产品：包括服务内容、服务流程、服务标准、服务优势及全所的业绩汇总。这样做的目的，自然是希望每个律师对外都能拿出自己最强的产品和业绩。

此外，天地人也投入了大量资源用以建设律所层面的知识管理体系、构建服务标准以及打造专业品牌——最终目标则是让未来每名加入天地人的律师都能自由选择专业方向，并获得清晰的标准化成长路径。

三是获客建设。

获客支持分两方面，一方面是许多律所都在关注的公共案源问题。可以说，公共案源建设也是未来推动律师团队化以及为律师赋能的核心手段之一。为此，天地人已经打造出了一个相当标准化的公共案源服务流程，对事前、事中、事后，相应的话术、动作、服务等，都有一套标准模板。

另一方面则是业务中台建设。业务中台本质上是规模所内部的二级市场。天地人内部一直保持着较好的合作氛围，这为律所带来了不少业务增量。“许多团队 60% 以上的业务来自所内合作，在 2021 年，有的律师甚至 95% 的业务都来自所内二级市场。”

而天地人中台的分配机制严格按照专业划分，只要律师团队选择的主专业是律所的专业领域之一，中台就会基于公共案源，每月向律师团队调配外部的案件线索。天地人合伙人陈恩德也十分认同中台的理念，他说：“中台不仅整合了每个团队的专业优势，同时也整合了团队的资源优势。”

天地人在获客支持方面有个具体的量化目标，希望未来天地人律师团队的创收，其中有 10% 来自律所的公共案源推送，30% 来自所内业务合作。天地人的运营能够在不远的将来满足所内律师近一半的案源转化需求。这才是律所对律团队最大的赋能。

四是品牌建设。

品牌支持实际上也是为了帮助律师团队提高转化率和客单价，可以分为品牌梳理和品牌传播两步。

在品牌梳理方面，天地人通过精心设计客户触点来树立品牌：客户来律所参观，一进门就会看到前台的獬豸、大鼎；到了会议室则会看到 360 度透明的圆形会议室，而这参考了古罗马的圆桌会议，寓意公平公正……而这还只是律所环境一方面的，在产品层面，在人员沟通层面，在业务服务层面，天地人都梳理了标准化服务流程，并形成了文本，希望以此打造“全方位、高品质的头部规模律所”这一品牌识别形象。

而在品牌传播层面，天地人则成立了专门的品牌运营小组和编审委员会，构建了品牌选题和审核机制，围绕律师面谈场景、各专业领域、各个团队建设品牌传播载体，开发了一系列如电子名片、律所介绍短视频、团队宣传视频等品牌工具，极大帮助律师提升获客能力和获客机会。此外，天地人还在尝试启动团队品牌升级计划，通过短视频方式，为各个团队进行视频赋能，打造超级 IP 律师及团队，帮助律师团队提升品牌能力、获客能力，以此让每个团队都“与众不同”。

总结起来，以上四块都在天地人的中台建设中起着重要作用：通过团队建设来帮助律师实现团队化的作业方式，通过服务效率的加强助力专业化建设，通过获客效率的提升让律师有更多的业务增量，通过品牌效率提升帮助律师提升议价能力。

“中台本质上是一个律所与律师双向赋能的共益工程，我们希望通过中台的建设，整合全所资源，打破内部壁垒，实现又大又强。”查鹏表示。

当中台建设完成后，将形成整个律所统一的获客体系、统一的服务体系、统一的作业体系、统一的标准体系。这是个系统性工程，通过持续的长期的投入，构建律所的统一的一体化服务体系，这是天地人在中台建设上的目标，增强一体化服务能力，也是当下所有正探索律所未来发展模式的律所都想要实现的目标。

| 未来之章 |

目标，不仅是全国的天地人

“这个时代具有不确定性、多变性和极端的残酷性。时代提醒着我们，要睁眼看看前方的路！要活下去不容易，要发展就更不容易！面对新的生存环境，我们要更加团结起来，凝心聚力，我们要趁大势而为，要以全新的方式去适应时代，成为领跑者。”

翟玉华抑扬顿挫的声音回响在长沙市会议中心的会议厅。

这是 2022 年 2 月 26 日，天地人在此举办了 2022 年全体工作人员大会暨 2021 年度颁奖盛典。

主题是“奋发崛起争朝夕　凝心聚力向未来”。

后半句即是会上翟玉华的讲话主题。确实，翟玉华对未来天地人的发展前景充满期待：“一方面，这确实是个摧毁你却与你无关的时代，是个跨界打击你却无力反击的时代，是个你醒来太慢就干脆不用醒来的时代。但另一方面，天地人最不怕的就是变化与挑战，过往我们屡克时艰，这次仍不会例外。”

会议的最后一个环节，天地人发布了《天地人中台计划》，准备通过“中台”——这个在沿海律所圈也仍可称时髦的平台的搭建，实现律师和律所的双向赋能，在各端口为律师提供服务，帮助律师解决专业外的问题，并配合全新的“公共案源”一体化服务机制，为律师构建强大的内外部市场平台，力争实现律所和律师的共赢。

世界在变，天地人也在变。

变化，是天地人身上众多的特质之一。

何为“天地人模式”

打造一家全国知名的律所，需要什么？

这个问题，如今业内的头部律所们可能各有不同答案。

天地人，一家有“有骨有魂”的律所：骨是筋骨、风骨，是以“动态股份制”为代表的一系列人本制度所构筑成的现代律所管理架构；魂是灵魂、精魂，既包含党建赋予律所的强大组织力、凝聚力，又包括公益带来的律师价值和精神外沿的拓展，更重要的则是串联其中的追逐正义、不断创新的文化内核。

起源，探索，创新，“有骨有魂”的天地人模式已经走过了整整 30 年，从最初的一间办公室、几条方桌，发展成如今拥有百余名合伙人、超过 400 名律师，在湖南省内开设了多处办公室的区域性大所——如果进一步追溯到更早些时候湖南寻常村落里埋下的火种，这段路程还能再稍做拉长，但上限也就是几十年而已了。

几十年，说长也长，说短也短。

长，是因为中国律师制度恢复至今也不过区区 40 余载，加上恢复后的最初 10 年里律所组织形式仍以国办为主，可以说，如今市场上的律所即便把前身也算上，历史最悠久的也就 30 多年——天地人，已经是行业内为数不多的“前辈级”律所。

此般“长”，给了天地人充足的时间和空间，使其得以在最初可称“一穷二白”的市场上占据先机，并一步步积累起自己的发展理论和积淀。当然，这也让天地人与那些年限相近的律所迎来了类似的问题：竞争优势如何维持？管理核心如何迭代？以及最关键的，如何在发扬过往优势传统的同时，始终能够怀着开放的心态与时俱进？

短，是因为相较于历史动辄以百年计的知名国际律所，中国律所，乃至整个中国律师行业的历程似乎都还处在青少年时期。在数代法律人的不懈努力，这一成长周期被大大压缩，使如今业内既有专业素质比肩国际律所的精英机构，也不乏规模体量和服务能力与外所并驾齐驱的规模大所。

但此番“短”，也恰如一支无形的悬空之剑，警示律师行业看清自己根基尚浅的现实，不能躺在过往的功劳簿上停滞不前——发展越快、越接近行业天花板的律所，所感受到的锋芒也就越强烈。于国内律师行业，天地人已经称得上排名前列的区域大所，但放眼全球，天地人资历尚浅、名声尚欠。

过往 30 年的历程，让天地人的管理团队对于未来的发展目标与发展路径越发清晰：

客户层面，是坚持“以业务为主体，以行政和党建为两翼”的一体两翼发展模式，以客户和当事人为导向，提供高质量的服务。

律师层面，是承袭一贯的和谐氛围，用完善、系统的制度为律师执业提供足够支撑。

律所层面，是以中台搭建为轴，帮助所内数十个团队形成独有优势和品牌特色，并共同团结在天地人旗下通力协作，支撑起一个稳健运行、快速发展的执业平台。

但正如翟玉华所言：“天地人的目标从来不是，也不会是偏安一隅，我们要打造一家在全国范围内都具备影响力的大所。”想要实现这个目标，显然不会那么容易。

路径只是手段，天地人的“大所之路”仍在不断延展——实现目标的前提，是天地人所需要的“天时”“地利”“人和”。

天地人的“天时”“地利”“人和”究竟指代的是什么？这几个问题的答案，也许能够让我们更好地理解一个更深层的问题——天地人，到底是一家什么样的所？

承“天”之佑

于国内律所而言，“天时”是什么？

与大政方针的同向而行？与行业趋势的不谋而合？还是在闷头发展的过程中，突然发现自己已为时代大潮所裹挟向前？

我们可以简单从行业内外部环境的变化来略做分析。

就法律服务行业本身而言，截至2021年年底，国内律师人数已达52.2万之众，律所更是超过了3万家，年均律师增长人数已经步入了“5万人”时代。但与此同时，全国每万人拥有律师数仅3.3人，能提供大型企业所需要的全流程、高品质法律服务的律所也是凤毛麟角。换言之，每年进入行业的新人很多，但能承载和帮助他们快速成长发展的优质平台很少。

与此同时，2022年前后的中国法律市场，还有着其他几个明显的趋势：其一，以京津冀、长三角、粤港澳、成渝、华中为代表的区域性法律市场受关注度日益增加，成为新的竞逐焦点；其二，中国律所的规模化仍在持续，但是关注的重点已经逐渐从做大增量转为做优存量；其三，中国律所的全球布局持续推进，涉外人才队伍不断扩大。

总体而言，随着中国经济转型发展和商业法律体系的成熟，对法律服务的需求仍有巨大的增量空间——对律所来说，这同时意味着机遇与挑战。机遇在于更大的市场空间，挑战则在于越发激烈的市场竞争和人才竞争。

天地人所立足的华中地区，虽然在关注度方面可能不及京津冀、长三角、粤港澳这几个有代表性的区域市场，但20世纪90年代以来，由于改革开放的加速深化以及“兴工强市”核心战略的持续贯彻，长沙也逐步乘上了发展东风，工业底蕴越来越强、产业结构特点鲜明，因此具备了相当可观的法律服务发展空间。对天地人来说，律师规模已经位居区域前列，下一步要关注的自然也是如何在做大增量的同时做优存量——从这点看，天地人其实已经免去了中小型律所面临的生存抉择，在未来竞争中拿下了一定的“天时”。

而在外部市场环境方面，作为服务于实体经济的专业服务机构的律师事务所，其业务风口与机遇也与外部环境的变动息息相关。近年来，争议解决、破产重整等逆周期业务在疫情持续的大环境下热度不减，与科技研发、自主创新相关的知识产权等业务也迎来了强保护时代下的大发展。此外，受国际形势变动影响，资本市场、跨境投资与贸易相关的业务环境也发生了变化，新的机遇随之出现。

总体而言，国家发展主题和聚焦的变化、数字经济时代的新现象，以及紧随其后的法律法规调整，为法律从业者带来了新的市场需求，但是与此同时，新型业务往往复合性与复杂性更高，对律师的综合能力提出了更高要求。①

天地人恰好也踩在了这份“天时”上——资本市场、跨境投资、知识产权、破产重整都是近年来天地人重点布局的业务领域。

此外，行业整体层面乃至社会也都在对律师行业投注更多目光。

2021 年 9 月，司法部印发“十四五”时期司法行政事业发展规划，此后各地也先后出台了当地律师行业在“十四五”时期的发展规划，具体数字指标主要围绕律师人数、律所规模、创收水平、专业水平、涉外水平展开。行业层面的系统性规划，显然最终会落实到对律所、对律师个体的指标要求。

2022 年 1 月 24 日，司法部官网又发布《全国公共法律服务体系建设规划（2021—2025 年）》。该规划提出到 2025 年，全国执业律师将达到 75 万名的规模，每万人拥有律师 5.3 人——这组数字背后意味着律所可能会面临更激烈的“规模战”与“人才战”。

在这类行业趋势和变化下，拥有足够规模体量的天地人，如果战略得当，无疑更容易取得相对其他区域律所的竞争优势。

综合“天时”来看，我们可以说，在业务发展和律所战略层面，天地人

---

① 李俊辰：《2022 年中国法律服务市场：发展逻辑的重塑》，载微信公众号“智合”2022 年 1 月 1 日，https：//mp. weixin. qq. com/s/LQ3Wv2wBWptkmXnBFJf_bA。

是一家嗅觉敏锐、行动力强的律所。

而战略，除了考验律所对“天时”的理解，往往也会反映其对于“地利”的运用。

因“地”制宜

区域发展不平衡，一直以来都是律师行业的一个显著特征。

从律师分布来看，东部经济发达地区聚集了全国绝大多数律师，律师总数在全国占比超过53.9%，地区律师万人比为4.4，高于全国平均水平3.3；作为对比，西部、中部和东北地区的律师万人比则分别为2.7、2.3和2.6。

从法律服务市场发展程度来看，区域经济发展越有活力，市场化水平越高，自身律师行业发展程度也就越深，对律所管理机制的前沿探索也更为深入，容易形成差异化优势，而发展程度较低的区域则受到地方经济市场化程度有限、地方经济活跃度低、同质化竞争激烈等因素影响。

即便在欠发达省份内部，也存在区域发展不平衡的问题：最直观的体现就是，中西部地区的执业律师正往经济更活跃的城市聚集，许多中西部省份的律师业呈现“强省会模式”特点。

湖南也是其一，作为省会城市的长沙聚集了全省近六成的律师。在2021年8月发布的《湖南省律师行业发展规划（2021—2025年）》中，又提出了3万名律师、25家百人所的发展目标——这意味着，到2025年，长沙可能会集聚超过1.8万名律师。

而从业务端来看，湖南律师行业曾经长期处于结构单一、新兴业务和涉外业务发展水平滞后的桎梏中，律所也因此很难真正将业务结构“综合化”。但近年来，随着以文娱产业为首的新兴领域发展路线的确定，长沙律所具备了在更多领域发展的经济基础——谁能抓住机遇，谁就能占得下一轮大发展中的先机。

事实上，此前天地人推动“动态股份制”等一系列管理制度改革，就曾得益于本地市场的“地利”：

一方面，业绩是管理的前提和最终目的，二者互为前提又互相促进。由于天地人在本地市场起步较早，初期主攻经济、刑事案件，很快就在市场上打响了知名度。在湖南区域市场，天地人的刑事、房地产、知识产权、破产重整、金融等领域业务实力都位居前列，这给天地人持续不断地管理改革、优化、升级提供了经济底气。

另一方面，湖南法律服务市场的自身特点又给了天地人探索管理升级的理由与动力。相对北京、上海等法律服务市场更为发达的地区，湖南本土的竞争程度烈度稍逊，律所在发展运营上试错的空间也就相对更大。

同时，湖南法律服务市场越发齐全的业务门类带来了巨大的发展潜力，近年新兴智能制造、文娱企业的快速成长更是对律所的综合服务能力提出了更高要求，这使得管理优化成为律所提升竞争力的重要手段之一——天地人当初引入“动态股份制”，正是为了顺应市场需要并解决自身竞争力不足的问题。

业内同行的行动也印证了湖南法律服务市场的机遇：随着市场发展，许多全国性大所也开始布局长沙，给湖南法律服务市场带来了一些不一样的新气象——这种新气象，固然可以视作对像天地人这样的本地老牌律所的挑战，但也未尝不是相互交流、融合与共同提升的另一种形式的“地利”。

当然，地利和天时一样，对范围内的群体来说都可以利用，但有的律所能将其转化为趁手的工具，有的律所却只能将之用作“双刃剑”，在使用时往往需要多方考虑，有所掣肘。天地人能够在过往较大程度地应用地利，开放包容的律所文化和立足本土的发展策略不可或缺。

可以说，天地人善于“借势”和因地制宜。人心齐才能有行动力，这种能力，自然是天地人内部成员的整体性和凝聚力所带来的附带优势——也即“人和”。

济“人”利物

通常认为，“人和”是律所能够稳定按着既定路线、朝着既定目标发展的前提。这层含义下，“人和”往往被用于指代律所内部合伙人层面所达成的共识。

如果仅仅考虑合伙人层面，那天地人早在许多年前就已经做到了：能够在天地人长久做下来的合伙人，往往都有着“水利万物而不争”的性格特点，对于律所发展目标的相关讨论也是认同偏多。

这样就足够了么？

在引入外部合伙人的时候，是可以用这种简单的人才筛选机制搞定“人和”问题。但如果一家律所只把视线放在合伙人身上，普通律师就容易沦为“工具人”，是否有律所层面的“人和”共识仅仅取决于合伙人对他们的态度——想要从这些律师中内生式选拔未来的合伙人，往往会尤为困难。

而对天地人来说，上至合伙人、下至律师层面的“人和”，可能是其区别于许多律所的一个显著特征。

从硬件装潢的“以人为本”，到软性制度的包容人性；从律师个体的融洽相处，到团队之间的联动互助；从内部成员的协力齐心，到外部交流的水乳交融……天地人做到了由小及大，将“人和”的理念贯穿在了律所发展始终。

“‘人和’不是一个两个人的团结，而是所有人的团结。”于天地人而言，“人和”这个概念的具体范畴，可能比其他很多律所要稍稍宽了那么一些。

时代仍在不断演进，经历再多的探讨、实践，可能也很难提炼出一套能在不同律所套用的模板。以人为本，在变动的环境中保持初心，抓住时代的“天时”、市场的“地利”，并用全体成员的“人和”去影响、驱动律所前进，也许才是律所处变不惊、朝着既定目标发展的关键因素——这是天地人近30年积累所探索出的路径，也是这家独树一帜的律所真正可为行业所借鉴的经验。

天地之下，人的寄望

开放、包容、规范、专业、灵活、人心齐、眼光超前、服务能力强、党建公益棒……各种不同的视野角度下，现在的天地人，是这样一家所。

未来的天地人，又会是怎样一家所？

不同的天地人律师，对此的感想、会给出的答案，显然不尽相同。

“其一，坚持搞好服务质量，打造一流律所，其二，坚持这套制度文化体系，看准方向不动摇，其三，抓紧青年人才建设，让我们的队伍迅速增强。”

“要升级服务理念，以最专业、最高效的法律服务为每个客户、当事人追求最优的结果，要让每个社会个体都感受到天地人是一家专注做事、真真正正为人着想的法律服务机构。”

“要做好律师服务，让每一个投身法律行业的个体都能在这里获得最大程度的成长，让每一个志在推动法治事业进步的人才都能够有安身立命之本，进而尽情挥洒青春与热血，促进社会的公平和正义。”

“要加强制度文化建设，进一步探索更多律所发展、管理方面的先进经验，输出更多智慧成果，增进同行业、跨行业的各种交流，贡献属于自己的那份智慧，最终引领整个律师行业的长远发展。”

“要胸怀天下回馈社会，扮演好律师这一角色的同时也尽可能发挥出超越律师的作用，更广泛地开展党建工作活动，让法律不局限于法律本身的规制，而是以更高的责任感做更有利于经济社会发展和人民利益的事业。”

“我们会先在省内做好，未来分所基本覆盖湖南的13个地级市。下一步，伴随品牌影响力的积累，以及客户‘走出去’步伐的加快，我们有计划将品牌拓展到全国，希望在十年内成为一家全国性、甚至全球性的律师事务所。”翟玉华律师说。

“但我们不会为了扩展而扩展。”翟律师补充道，“每一步都要脚踏实地、稳步前行。”

……

数百名天地人律师和员工，综合起来可能会有对应的数百个不同愿望——相同的是，他们对于天地人的未来，都抱有美好的愿景和期待。

这些期待最终会不会实现？

很难说。

它们可能在天地人按着既定路线发展的过程中一一应验，也可能随着时代的变化、内外部趋势的影响，在依附于天地人整体发展目标的情况下迎来一定程度的取舍，但有一点是可以确定的——能实现的愿望或多或少，但天地人势必会朝着一个明确的、更好的方向发展：

在“以人为本”这条核心主线的牵引下，朝着“一流的律师事务所”和“一流的服务品牌”而迈进，打造律师行业内的“双一流”律所。

就像马克思主义哲学中那句经典的判断：“事物的发展是呈螺旋上升的。”回顾过往，我们会发现天地人这 30 年里，虽然整体上还算顺风顺水，但该经历的曲折、冲突乃至分裂，也是一样都少不了。

咬牙坚持也好，云淡风轻也罢，天地人都扛了下来。

换个角度想，律师这一职业的特征不就是这样么——案子越难，越要为当事人争取最好的结果；项目越复杂，越要用尽甚至透支自己的力量帮客户解决疑难问题。律所作为律师执业的平台，最大的价值莫过于降低律师执业的各方面成本，让他们能够更好地服务于客户和当事人。

时至今日，在法律法规不断健全，司法执法越来越规范的情况下，把律师和“为民请命”一词挂钩的情况越来越少，也越来越不够准确。新时代下的律师，更多是在尊重客观事实的基础上，以法律为保障客户、当事人合法权益的武器。也因此，那些不称职、职业不规范或别有所图的律师会被民众视作“讼棍”，而那些始终坚持公平正义、用法理事实为客户、当事人捍卫合法权益的律师，才会用一桩桩案例，证明自己是个无愧于心的、顶天立地的人。

这是剥离天地人“一家具有全国影响力的律所”“百年老所”这些看似目标的表象之后，我们所能提炼出的，这家律所的本质和精魂。

而这一切，始于2008年“特普合”制度在天地人的落地实践；

也始于1997年几名合作人拍板作出的“改制”抉择；

还始于1988年中国第一家合作制律所的出现；

更始于1979年中国律师制度恢复那天；

追溯到原点，也许始于更早些时候邵阳那个小山村偶然间燃起的星火和信念。

以此为干，百川汇流，遥奔江海，终成大道。

此即，天地人之道。